Sternzeichen Krebs

– Liebe, Partnerschaft, Beruf –

Autor: Alfred P. Zeller
Gesamtherstellung: Naumann & Göbel Verlagsgesellschaft, Köln

Dieses Werk berücksichtigt die neue deutsche Rechtschreibung.
ISBN 3-625-10483-0

Vorwort

In diesem Buch werden Sie auf astrologischer Grundlage viel über sich erfahren. Manches davon haben Sie vielleicht schon gewusst oder zumindest geahnt. Sehr viel mehr jedoch wird für Sie völlig neu sein, wird Ihnen überraschende Erkenntnisse über Fähigkeiten und Kräfte vermitteln, die in Ihnen schlummern. Dadurch können sich Ihnen bislang ungeahnte Möglichkeiten für eine befriedigendere und erfolgreichere Gestaltung Ihres Lebens eröffnen. Aber auch über Ihre Schwächen und Mängel erhalten Sie hier Auskunft, und das ist für Sie fast ebenso wichtig: Nur wenn Sie Ihre Fehler erkennen, können Sie dagegen ankämpfen und dadurch erreichen, dass Ihnen weniger misslingt und das Zusammenleben mit den Mitmenschen reibungsloser und erfreulicher wird.

Astrologie ist weder eine verstaubte Geheimwissenschaft noch eine fragwürdige Zukunftsdeutelei, und erst recht ist sie kein bequemer Vorwand, sich mit dem Hinweis auf einen angeblichen »Schicksalszwang« der Gestirne persönlicher Verantwortung zu entziehen. Vielmehr ist sie die älteste, auf jahrtausendelanger Beobachtung und Bezugsetzung kosmischen und irdischen Geschehens gründende Erfahrungswissenschaft der Menschheit, mit der sich zu allen Zeiten die fortschrittlichsten Geister ihrer Zeit befasst haben, um die Zeitenwende der Universalgelehrte Ptolemäus ebenso wie an der Schwelle zur Neuzeit der große Arzt Paracelsus, der Humanist Melanchthon und die Begründer

der modernen Astronomie und Naturwissenschaft: Kopernikus, Galilei und Kepler. Auch in Goethes Werken ist viel astrologisches Gedankengut lebendig. Astrologie geht von der Erkenntnis aus, dass der Mensch kein isoliertes, abgekapseltes Lebewesen ist, sondern eingebettet ist in ein soziales, geographisches und kosmisches Umfeld, in ein Geflecht von subtilen Beziehungen, die ihn vielfach prägen und beeinflussen. Kosmische »Uhren« steuern alle Lebensvorgänge auf der Erde, kosmisches Geschehen bewirkt den Wechsel von Tag und Nacht, den Ablauf der Jahreszeiten, die Folge von Ebbe und Flut. Alle grundlegenden Lebensvorgänge sind in der Natur im Ganzen oder im Einzelnen kosmisch geprägt und geregelt. Dass dabei auch Strahlungen, die aus dem Weltall zu uns gelangen, eine bedeutsame Rolle spielen, hat man erst in jüngster Zeit entdeckt oder besser gesagt wieder entdeckt, denn unsere Vorfahren haben das schon vor Jahrtausenden intuitiv geahnt.

Kosmisch geprägt wird allerdings nicht eine leere Form, sondern ein individuelles Lebewesen, das von seinen Eltern genetisch verankerte Erbanlagen mitbekommen hat. Wie die genetischen und kosmischen Anlagen verwirklicht werden können, hängt wesentlich vom Umfeld ab, in dem sich das Leben entfaltet. Deshalb reicht ein Horoskop allein nicht aus, um einen Menschen in seiner ganzen Vielfalt zu erfassen und seinen Lebensweg zu erklären.

Seriöse Astrologie bezieht in die Horoskopdeutung stets auch den Horoskopeigner selbst und sein soziales Umfeld mit ein. Astrologie zeichnet keine Zwangsläufigkeiten vor, sie will und kann keine persönlichen Entscheidungen abnehmen oder aufdrängen, sondern vielmehr dem Menschen durch das Aufzeigen seiner Möglichkeiten und Grenzen helfen, die richtigen Entscheidungen zu treffen, will ihm so eine praktische Lebenshilfe sein.

Dieses Buch ermöglicht es Ihnen, zu entdecken, welche Wesenszüge und Fähigkeiten die kosmische Prägung Ihnen gegeben hat, weist Sie auf Ihre Stärken und Entwicklungsmöglichkeiten, aber auch auf Ihre Schwächen und Gefährdungen hin. Das im ersten Teil gezeichnete Bild beruht auf den beiden wichtigsten Gegebenheiten des Geburtshoroskops, dem Sonnenzeichen und dem Aszendenten, und wird vertieft durch die Aussagen der chinesischen und indianischen Astrologie sowie des keltischen Baum-Horoskops.

Ihr Sonnenzeichen ist das Sternbild, in dem am Tag Ihrer Geburt die Sonne stand; es ist der wichtigste kosmische Prägefaktor. Um eine genauere Differenzierung zu erreichen, teilt man von alters her jedes Tierkreiszeichen in drei Dekaden ein: In der ersten Dekade ist noch ein sich abschwächender Einfluss des vorangehenden Sonnenzeichens wirksam, in der dritten Dekade ein zunehmender Einfluss des folgenden Sonnenzeichens, während sich in der zweiten Dekade die benachbarten Sonnenzeichen nicht auswirken. Dementsprechend ist der Abschnitt »Wer bin ich?« (ab Seite 12) in drei Dekaden gegliedert, so dass Sie je nach Geburtstag die für Sie zutreffende Aussage finden können.

Bedeutsam ist auch ein zweiter kosmischer Prägefaktor, der Aszendent. Darunter versteht man das Tierkreiszeichen, das im Augenblick Ihrer Geburt am östlichen Horizont stand. Der Aszendent verstärkt, schwächt oder variiert die Prägung durch das Sonnenzeichen, weshalb wir ab Seite 49 näher darauf eingehen. Wie Sie Ihren Aszendenten finden, können Sie ab Seite 82 nachlesen.

Während das indianische Horoskop mit seiner Zwölfteilung unserem abendländischen Horoskop entspricht, weichen das chinesische und das keltische Horoskop davon ab. Deshalb finden Sie in den entsprechenden Abschnitten je nach Ihrem Geburtsdatum differenzierte Aussagen, durch welche Ihre individuellen Gegebenheiten genauer eingegrenzt werden.

Verlag und Autor

Inhalt

Tierkreiszeichen auf einer persischen Schale.
Entstanden um 1563.

Messahalah, Der Astronom, 1504

I.
Meine kosmische Prägung

Mein Tierkreiszeichen und Planet

Ihr Tierkreiszeichen ist Krebs, Ihr Planet der Mond (die traditionelle Astrologie bezeichnet auch Sonne und Mond als Planeten; wir verwenden den Ausdruck »Gestirn«).

Krebs ist ein kardinales Wasserzeichen mit Minus-Polarität. Kardinal nennt man Zeichen, die die Hauptpunkte des Tierkreises bezeichnen, also Frühlings- und Herbstpunkte sowie Sommer- und Winter-Sonnenwende. Das Zeichen Krebs markiert die Sommer-Sonnenwende und ist von starker Wirkungsmacht. Es symbolisiert emporstrebende Kraft mit Tendenz zur Verinnerlichung, Empfindsamkeit, Gefühlsstärke, aber auch eine gewisse Passivität. Als dem Element Wasser zugeordnetes Zeichen steht es für passives Tun (Leitwort »Einsicht«), Intuition und Fantasie. Die dadurch bestimmten Haupteigenschaften sind Feinfühligkeit, Vorsicht, Strebsamkeit, Ausdauer, aber auch Misstrauen, Abkapselung und Passivität. Die Polarität gibt die Wirkrichtung eines Zeichens an. Positive Zeichen wirken von innen nach außen, negative Zeichen von außen nach innen. Krebs ist ein Zeichen mit Minus-Polarität, also ein »passives« Zeichen, das Empfänglichkeit und verinnerlichende Weltoffenheit symbolisiert.

Die astrologischen Grundqualitäten des Sommerzeichens Krebs lassen sich unter dem Kennwort »introvertierte Weltergreifung« zusammenfassen. Im Einzelnen symbolisiert das Zeichen Empfänglichkeit, Feinfühligkeit, Empfindlichkeit, Fantasie, Gefühlstiefe, Beharrlichkeit, Verzichtbereitschaft, aber auch einen Hang zur Abkapselung, zu Passivität und zu Launenhaftigkeit durch Beeinflussbarkeit und innere Unsicherheit. Besonders stark ist die Prägekraft des Zeichens, wenn in ihm nicht nur zum Zeitpunkt der Geburt die Sonne gestanden hat, sondern auch der Aszendent in ihm liegt.

Der Mond auf einem einrädrigen Wagen, dessen Rad das einzige Domizil Krebs ist.
Holzschnitt von Hans Sebald Beham 1530/40

Jedem Tierkreiszeichen ist das Gestirn zugeordnet, dessen Prinzip ihm am vollkommensten entspricht; das jeweilige Gestirn bezeichnet man als »Planetenherrscher«. Im Zeichen Krebs »herrscht« der Mond, dessen energetisches Prinzip die Gestaltungskraft ist. Er ist ein weibliches Gestirn, das Gefühl, Empfindung, Veränderlichkeit, Seele und Unterbewusstsein symbolisiert, im Negativen freilich auch Launen und Wechselhaftigkeit von Ansichten und Zielen.

Wenn in Ihrem persönlichen Horoskop der Mond in Ihrem Sonnenzeichen Krebs steht, verstärkt er entsprechend den nachfolgend genannten Mond-Eigenschaften gleich gerichtete Prägekräfte Ihres Tierkreiszeichens und bestimmt wesentlich die »Grundqualität« Ihres Horoskops.

Positive Mond-Eigenschaften sind: seelische Aufgeschlossenheit, innere Erlebnisfähigkeit, lebensverbundene Intelligenz, bildhaftes Denken, reiche Fantasie, starke Triebkraft, reflektierender Verstand, Objektivität, Sensibilität, Anhänglichkeit, Anpassungsfähigkeit, Einfühlsamkeit, Anteilnahme, Suggestibilität, Gestaltungskraft, Sparsamkeit, Häuslichkeit, persönlicher Idealismus.

Negative Mond-Eigenschaften sind: Unbeständigkeit, Mangel an Entschlusskraft und Durchsetzungsvermögen, Beeinflussbarkeit, Wankelmut, Ziellosigkeit, Launenhaftigkeit, Mangel an Konzentration und Ausdauer, Unberechenbarkeit, persönliche Überempfindlichkeit, Verworrenheit, Mangel an Sachlichkeit, Trotz und Eigensinn aus innerer Unsicherheit, Unselbstständigkeit und Verführbarkeit.

Seit alters gibt es für die Tierkreiszeichen und Planeten symbolische Bezugsetzungen, die freilich für die heutige Individualhoroskopie keine große Bedeutung mehr haben. Immerhin interessieren sich noch viele Menschen dafür. Hier also Ihre Symbolbezüge:
Ihr Element ist das Wasser.
Ihre Farben sind Grün, Silber und Weiß.
Ihr Temperament ist das melancholische.
Ihr Metall ist das Silber.
Ihre Edelsteine sind Kristall, Smaragd, Mondstein, Opal und Perlen.
Ihr Wochentag ist der Montag.
Ihre Tiere sind Hauskatze, Ziege, Kuh, Schwein, Gans, Ente, Henne, Kaninchen, Hase, Krebs, Frosch, Muschel, Fisch, alle Wasservögel, aber auch Käfer, Termiten, Wespen, Bienen und Mücken.
Ihre Pflanzen sind Gänseblümchen, alle Wasserpflanzen (z. B. Schilf, Algen, Binsen), Kartoffeln, Bohnen, Gurken, Kürbisse, Melonen.
Ihre Zahlen sind die Zwei und die Sieben.

Wer bin ich?

Aus dem Sonnenstand am Tag Ihrer Geburt lassen sich grundsätzliche Aussagen ableiten, die freilich auf Ihren Aszendenten (siehe Seite 49 und dritter Teil dieses Buches) abgestimmt werden sollten. Über die Einteilung jedes Tierkreiszeichens in drei Dekaden informiert Sie das Vorwort auf Seite 5. Je nachdem, ob Sie in der ersten, zweiten oder dritten Dekade geboren sind, wirken sich verschiedene »typische« Prägekräfte Ihres Sonnenzeichens in unterschiedlicher Weise auf Sie aus.

Sterndeuter.
Aus einem Planetenbuch von 1596

1. Dekade vom 22.06. bis zum 01.07.

Ihr Wesen:	gefühlsbestimmt, introvertiert, empfindsam, fantasievoll, verhalten
Ihr Auftreten:	ruhig, zurückhaltend, vorsichtig, freundlich, gemütlich, oft schüchtern bis ängstlich
Ihr Wünschen:	stimmungsabhängig, traditionsgebunden, hilfsbereit, auf die eigene Lebenswelt bezogen, schutzsuchend und beschützend
Ihr Denken:	aufnahmefähig, fantasievoll, romantisch bis verträumt, launenhaft, assoziativ, plastisch, manchmal verschwommen und unberechenbar
Ihr Handeln:	gefühlsgeleitet, beschützend, opferbereit, reaktiv, wenig zielsicher, berechnend, manchmal unbeständig und unselbstständig
Ihr Ausdruck:	sensibel, verhalten, unbestimmt, manchmal verschwommen und unlogisch
Ihr Fühlen:	gemütvoll, zärtlich, romantisch, einfühlsam, anlehnungsbedürftig, gutmütig, besitzergreifend, auch überempfindlich und sentimental

Als Krebs-Geborener der ersten Dekade sind Sie in Ihrem Denken, Empfinden und Handeln sehr stark von Gefühlen abhängig, sind empfindsam und einfühlsam, anlehnungsbedürftig und beschützend, reagieren sensibel auf Einflüsse aus der Umwelt, doch abhängig sind Sie auch von Ihren eigenen Gefühlen und Stimmungen, die starken Schwankungen unterworfen sein können, denn seelisch sonderlich robust sind Sie nicht.
Recht oft fällt es Ihnen schwer, Ihre Gefühle in den Griff zu bekommen, Ihre Stimmungslage konstant zu halten. Diese unberechenbare Launenhaftigkeit kann Ihre zwischenmenschlichen Beziehungen stark belasten und komplizieren. Wenn Sie ohne erkennbaren Anlass von einer Minute zur anderen aus gelöster Fröhlichkeit in finsteres Brüten oder kratzbürstige Abweisung verfallen, tut sich Ihre Umwelt schwer, sich auf solche Schwan-

kungen einzustellen; Reibereien, Missverständnisse und Abwendung können die Folge sein. Unbeständig ist auch Ihre Kontaktfähigkeit: Manchmal nehmen Sie regen Anteil an den Mitmenschen, dann wiederum reagieren Sie ungeduldig und gereizt, wenn andere Menschen Probleme an Sie herantragen. Da Sie seelisch sehr verletzlich sind, schotten Sie Ihren weichen Kern oft gegenüber der Umwelt ab, doch die zur Schau getragene harte Schale kann ein völlig falsches Bild von Ihnen vermitteln, so dass Mitmenschen Sie falsch beurteilen und Ihnen unabsichtlich seelische Wunden beifügen. Ihr Abwehrmechanismus bewirkt also nicht selten genau das Gegenteil; wenn Sie sich und anderen Ihren weichen Kern eingestehen würden, könnten Sie mehr Behutsamkeit und Rücksichtnahme erwarten.

Zu Ihren positiven Eigenschaften zählen Feinfühligkeit, Mitgefühl, Freundlichkeit, Vorsicht, Klugheit, Häuslichkeit, ein ausgeprägter Beschützerinstinkt, Gutmütigkeit und ein reiches Gefühlsleben. Wenn Sie am Anfang der ersten Dekade geboren sind, kann sich der Einfluss des Nachbarzeichens Zwillinge bemerkbar machen; in diesem Fall kommen noch geistige Beweglichkeit, Neugier, schnelles Erfassen von Gegebenheiten und mehr Gewandtheit im Handeln und im Ausdruck hinzu. Freilich kann die Prägung durch das Sonnenzeichen durch andere Faktoren Ihres Horoskops verstärkt, abgeschwächt oder sogar ins Negative verkehrt werden, so dass Überempfindlichkeit, Launenhaftigkeit, Neigung zu Selbstbemitleidung, Berechnung, Beeinflussbarkeit, Wankelmut, Unsicherheit, Trägheit, Sentimentalität und Passivität stärker in den Vordergrund treten, bei deutlichem Zwillinge-Einfluss auch noch Mangel an Disziplin, Nervosität, Entschlusslosigkeit und Fahrigkeit.

Stark sind Sie Ihrer persönlichen Lebenswelt und der Vergangenheit verhaftet. Sie sind mit Ihrer beschützend-bewahrenden Grundeinstellung recht konservativ, doch kann dies durch einen deutlichen Zwillinge-Einfluss etwas abgemildert sein. Großen Wert legen Sie auf eine anheimelnde, gepflegte Häuslichkeit, in der Sie sich geborgen und sicher fühlen und in die Sie sich vor den Anforderungen und Belastungen der rauhen Wirklichkeit ebenso zurückziehen können, wie Sie sich unter seelischem Druck in Ihre »Krebsschale« einschließen. Dieser Tendenz zur Abkapselung sollten Sie unbedingt entgegenzuwirken versuchen, nicht nur, weil sie Ihre soziale Kontaktfähigkeit einschränkt (Ihre Mitmenschen empfinden dies als Verweigerung und Abweisung), sondern auch, weil Sie durch diese »Flucht nach innen« sich häufig emotionell selbst in einem negativen Sinn aufschaukeln, in Unsicherheit und Selbstzweifel versinken, was es Ihnen noch schwerer macht, sich den Anforderungen der Umwelt zu stellen.

Gestärkt werden können Sie in Ihrem Selbstwertgefühl durch Lob, Beifall und Ermutigung von außen und durch praktische Erfolgserlebnisse, die Ihnen Auftrieb geben. Diese Abhängigkeit von äußerer Bestätigung ist nicht unproblematisch, bedeutet sie doch eine gewisse Abhängigkeit, durch die Sie manipulierbar werden, weil andere versuchen können, Sie durch wohldosierte Ermunterung zu steuern. Immerhin kann ein stärkerer Zwillinge-Einfluss, aber auch eine Veränderung des Grundmusters durch weitere Gegebenheiten Ihres Geburtshoroskops Ihnen mehr Eigenständigkeit und einen stärkeren Selbstbehauptungswillen verleihen, so dass sich die Neigung verringert, bei nervlichen und seelischen Belastungen den Kopf in den Sand zu stecken.

Weil Sie innerlich häufig unsicher sind, sind Sie sehr auf Sicherstellung und Absicherung bedacht. Das erklärt nicht nur Ihre verhaltene Vorsicht, sondern auch Ihr besitzergreifendes Verhalten gegenüber Ihnen nahe stehenden Menschen. Gern sperren Sie diese in den von Ihrer Häuslichkeit geschaffenen »goldenen Käfig« ein, um sie unter die Fittiche nehmen, beschützen und bemuttern zu können. Gewiss tun Sie dies in bester Absicht, wollen durch die intensive Zuwendung die Stabilität von Bindungen stärken, Beziehungen verlässlich und dauerhaft machen, doch oft wird das als erstickende Einengung des persönlichen Freiraums empfunden. Jeden Versuch, sich Ihrer wohlgemeinten Tyrannei zu entziehen, betrachten Sie als Undankbarkeit, die bei Ihnen Groll und sogar offene Wut und Aggression wecken kann.

In Wirklichkeit ist diese Bemutterung gar nicht so selbstlos, wie Sie sich und der Mitwelt weismachen wollen, sondern ist eine von Eigeninteressen getragene »Investition«, die Sie in der geheimen Erwartung von Lob und Dankbarkeit vornehmen, und wenn dieser für Ihre Selbstbestätigung wichtige Lohn ausbleibt, ist Ihre Enttäuschung groß.

Sie sind zwar mehr oder minder stark beeinflussbar und damit manipulierbar, aber wer daraus den Schluss zieht, dass Sie leicht zu beherrschen oder zu unterwerfen seien, irrt sich gründlich. Besonders bei deutlichem Zwillinge-Einfluss sind Sie, obwohl nach außen hin zuvorkommend und verbindlich, doch recht eigenwillig und auf eine gewisse Unabhängigkeit bedacht, lehnen Zwang und Unterordnung ab, auch wenn Sie gegenüber Ihnen nahestehenden Menschen, wie schon erwähnt, dazu neigen, sie übermäßig unter Ihre Fittiche zu nehmen, also einen subtilen Druck auf sie ausüben. Dieses Verhaltensmuster erklärt, warum Sie manchmal nur wenige enge Freunde haben: Oft fühlen sich andere durch Ihr besitzergreifendes, Ausschließlichkeitsansprüche stellendes Wesen erdrückt, empfinden die Bindung an Sie als Fessel. Dazu kommt, dass Ihr Verhalten stark durch Ihre schwankenden Stimmungslagen beeinflusst werden kann, anders gesagt, dass Ihre Umgebung nicht selten unter Ihrer Launenhaftigkeit zu leiden hat. Ist diese seelische Labilität und Unbeständigkeit bei Ihnen allerdings schwächer ausgeprägt, so dass die positiven Krebs-Eigenschaften überwiegen, kann man sich glücklich schätzen, mit Ihnen befreundet zu sein. Dann sind Sie nämlich ein treuer, opferbereiter Wegbegleiter, der sich in Notlagen als hilfsbereite Stütze und bei seelischen Problemen als einfühlsamer Ratgeber bewährt. Entschlossen treten Sie für die Interessen von Freunden ein, vor allem wenn Ihnen Unrecht geschieht, denn Gerechtigkeit gilt Ihnen viel.

Sie schätzen zwar eine gepflegte Häuslichkeit und einen angenehmen, sicheren materiellen Rahmen, aber es fällt Ihnen häufig schwer, sich diesen Rahmen aus eigener Kraft zu schaffen, denn sonderlich viel Durchsetzungsvermögen und Ausdauer haben Sie nicht. Durch Misserfolge lassen Sie sich leicht entmutigen; nur mühsam und lustlos nehmen Sie einen neuen Anlauf, weil Selbstzweifel Sie verunsichern und Ihr sowieso begrenztes Energiepotenzial aufzehren. Mehr Dynamik und Zielstrebigkeit ist nur zu erwarten, wenn Sie am Anfang der ersten Krebs-Dekade geboren sind, also noch das Nachbarzeichen Zwillinge auf Sie einwirkt. Dann wird Ihnen der Aufbau einer stabilen finanziellen Lebensbasis leicht erfallen; ansonsten ist die angestrebte materielle Absicherung häufig erst in der zweiten Lebenshälfte zu erwarten. Viel hängt allerdings davon ab, wer Sie durchs Leben begleitet. Wenn es ein Mensch ist, der Ihre Schwächen auszugleichen und Ihnen mehr Auftrieb und Selbstsicherheit zu geben vermag, können sich Ihre positiven Krebs-Eigenschaften voll entfalten und die von Ihnen angestrebten Ziele sehr viel reibungsloser und rascher erreicht werden. Trotz des Ansporns, den ein auf Sie eingestellter Partner Ihnen zu geben vermag, wird es stets Ihre vorrangige Aufgabe bleiben, sich um innere Ausgewogenheit und mehr zwischenmenschliche Offenheit zu bemühen, sich selbstbewusster der Wirklichkeit zu stellen und so sich und Ihre Umwelt in den Griff zu bekommen. Wenn Ihnen dies gelingt, werden Sie mit Ihren Gaben und Anlagen das Leben erfolgreich meistern können.

2. Dekade vom 02.07. bis zum 12.07.

Ihr Wesen:	gefühlsstark, introvertiert, sensibel, fantasievoll
Ihr Auftreten:	zurückhaltend, vorsichtig, romantisch, still, gemütlich, langsam, manchmal schüchtern bis ängstlich
Ihr Wünschen:	unbeständig, konservativ, stimmungsabhängig, schutzsuchend und beschützend, hilfsbereit, ichbezogen, idealistisch, wunschorientiert
Ihr Denken:	fantasievoll, romantisch, aufnahmefähig, assoziativ, plastisch, einfühlsam, stimmungs-

	abhängig, manchmal verschwommen und unberechenbar
Ihr Handeln:	gefühlsgeleitet, vorsichtig, hilfsbereit, besorgt, warmherzig, reaktiv, manchmal wenig zielstrebig, unzuverlässig, unselbstständig und berechnend
Ihr Ausdruck:	zurückhaltend, sensibel, weich, unbestimmt, verschwommen, unlogisch
Ihr Fühlen:	sehnsüchtig, zärtlich, romantisch, anlehnungsbedürftig, mitfühlend, rein empfindend, besitzergreifend, launisch, manchmal sentimental und überempfindlich

Als Krebs-Geborener der zweiten Dekade sind Sie sehr empfänglich und empfindsam für alle Einflüsse, die aus der Umwelt auf Sie einströmen. Ihre starke Gefühlsabhängigkeit, die auch auf den Einfluss des in Ihrem Sonnenzeichen »herrschenden« Mondes zurückzuführen ist, macht Sie anlehnungsbedürftig sowohl an das Gute als auch an das Böse, weil es Ihnen häufig an robuster Selbstständigkeit mangelt. Da es Ihnen schwer fällt, Ihre Gefühlslage konstant zu halten, wirken Sie oft launenhaft und unbeständig. Überreaktionen kommen bei Ihnen häufig vor und sind nur schwer beherrschbar. Manchmal weiß Ihre Umgebung nicht, woran sie mit Ihnen ist; Ihre Unberechenbarkeit kann zwischenmenschliche Beziehungen stark belasten. Ihr Nervenkostüm ist wenig stabil; Sie sind leicht erregbar, handeln dann impulsiv und schießen oft übers Ziel hinaus. Grundsätzlich sind Sie jedoch eher verhalten, doch auch das kann Probleme schaffen, wenn Ihre auf innerer Unsicherheit beruhende Zögerlichkeit Ihre Entschlusskraft lähmt und die Geduld der Mitmenschen manchmal auf eine harte Probe stellt. Da Sie stark von Stimmungen abhängig sind, kann auch Ihre Kontaktfähigkeit sehr schwanken. Zwar sind Sie in der Regel einfühlsam und hilfsbereit, nehmen Anteil und zeigen viel Verständnis, doch Ihr weicher Kern macht Sie ungemein verletzlich, und so kommt es immer wieder vor, dass Sie sich seelisch abschotten, sich in Ihr Krebsgehäuse zurückziehen und Mitmenschen an der harten Außenschale abprallen lassen. Dazu neigen Sie besonders, wenn Ihnen tatsächliches oder vermeintliches Unrecht widerfährt, wobei Sie wenig unterscheiden, ob das gezielt oder unabsichtlich geschieht. Man muss also schon einiges Gespür haben, um Ihre jeweilige Stimmungslage zu erkennen, so dass Reibungen und Spannungen vermieden werden können. Allerdings sind nicht alle Krebs-Geborenen so mimosenhaft; durch den Einfluss des Aszendenten wird die Gefühlsabhängigkeit meist mehr oder weniger abgeschwächt.

Freilich können dadurch auch einige Ihrer positiven Eigenschaften verändert werden, unter denen an erster Stelle Sensibilität, Mitgefühl, intuitives Gespür, Freundlichkeit, Vorsicht, Klugheit, Häuslichkeit, Gefühlswärme, ein ausgeprägter Beschützerinstinkt, Hilfsbereitschaft, Gutmütigkeit und ein reiches Gefühlsleben zu nennen sind. Die sich aus Ihrer Introvertiertheit ergebende Passivität kann zu Trägheit übersteigert sein, die menschliche Zuwendung zum einengenden Ausschließlichkeitsanspruch, die Vorsicht zur Unentschlossenheit, die Klugheit zur ichbezogenen Berechnung, die Sensibilität zu Überempfindlichkeit und die Gefühlsgeprägtheit zu wirklichkeitsfremder Sentimentalität. Die Tiefe Ihres Gefühls- und Seelenlebens macht Sie zu einem ungemein vielschichtigen Menschen, der sich infolge seiner Labilität kaum exakt erfassen und begrifflich festlegen lässt.

Ihre introvertierte, beschützend-bewahrende Grundeinstellung bedingt ein starkes Verhaftetsein in der persönlichen Lebenswelt, aber auch eine Hinwendung zur Vergangenheit. Sie sind ein vorwiegend konservativer Mensch, der großen Wert auf eine Sicherheit und Geborgenheit schenkende Häuslichkeit legt. Sie ist für Sie die Zuflucht, wenn Sie sich von der rauhen Außenwelt überfordert fühlen, entspricht also dem innerlichen Krebsgehäuse, in das Sie sich immer wieder zurückziehen. Diesem Hang der Abkapselung sollten Sie gegenzusteuern versuchen, denn letztendlich können Sie der Wirklichkeit nicht entfliehen,

Probleme nicht durch die Flucht in eine Wunsch- und Traumwelt lösen. Viel eher kommen Sie über Schwierigkeiten hinweg, wenn Sie offen und kontaktfähig bleiben, denn nur dann ist es den Ihnen wohlwollenden Menschen überhaupt möglich, Ihnen zu helfen.

Da Sie sich leicht entmutigen und verunsichern lassen, ist es für Sie wichtig, dass Ihr Selbstwertgefühl möglichst oft durch Erfolgserlebnisse, aber auch durch Anerkennung und Bestätigung von außen gestärkt wird. Dazu können Sie selbst einiges beitragen, indem Sie sich realistische Ziele setzen, die im Bereich Ihrer Möglichkeiten liegen, und für deren Erreichen überschaubare Etappen planen, so dass Sie immer wieder durch Stolz auf Erreichtes seelischen Auftrieb erhalten. Das ist besser, als wenn Sie sich allzusehr vom Lob der Umwelt abhängig machen, denn durch diese Abhängigkeit können Sie manipulierbar werden, weil sie die Möglichkeit gibt, Sie durch wohldosierte Ermunterungen zu steuern; überdurchschnittlich beeinflussbar sind Sie ja sowieso, und das könnte im Dienst fremder Interessen zu Ihrem Schaden ausgenützt werden.

Ein gewisser Mangel an innerer Stabilität und Sicherheit erklärt, warum Sie so stark auf Absicherung und Sicherstellung bedacht sind. Diese Tendenz zeigt sich häufig auch in Ihrem Verhalten gegenüber Ihnen nahestehenden Menschen: Um den Bindungen Stabilität und Dauer zu verleihen, neigen Sie dazu, sie allzu sehr zu verfestigen und mit besitzergreifendem Ausschließlichkeitsanspruch eifersüchtig darüber zu wachen, dass Ihr »Besitzstand« nicht angetastet wird. So kann Ihre liebevoll gehegte Häuslichkeit für einen Partner zum »goldenen Käfig« werden, in den Sie ihn in bester Absicht, aber unter Verkennung des für ihn nötigen Freiraums einsperren, um ihn unter die Fittiche nehmen zu können. Dass diese wohlgemeinte Umklammerung als erdrückende Einengung empfunden werden könnte, kommt Ihnen gar nicht in den Sinn. Nicht jeder Partner wird freilich dagegen aufmucken; Näheres darüber können Sie im Kapitel »Die ideale Partnerschaft« nachlesen.

Aber wenn auch die zwischenmenschlichen Bindungen, die Sie eingehen, durch Ihre Stimmungsschwankungen und durch Ihren Ausschließlichkeitsanspruch kompliziert werden können, sind Sie doch, sofern Sie Ihre Labilität einigermaßen in den Griff bekommen, ein Partner und Freund mit sehr vielen erfreulichen Eigenschaften. Sie sind treu und anhänglich, einfühlsam und hilfsbereit, erspüren intuitiv seelische Nöte, treten aber auch entschlossen für die Interessen der Ihnen nahestehenden Menschen ein. Sie strahlen eine wohltuende menschliche Wärme aus und scheuen notfalls vor Opfern nicht zurück. Fürsorglich kümmern Sie sich um das Wohlergehen und bemühen sich um einen angenehmen materiellen Rahmen, der Geborgenheit schenkt. Wenn Partnerschaften oder Freundschaften zerbrechen, können zwar wohl etliche Ihrer negativen Eigenschaften – etwa kleinliche Eifersucht, Launenhaftigkeit, übermäßige Passivität – die Ursache sein, aber selten geht der konkrete Anstoß zur Trennung von Ihnen aus, denn Sie empfinden jeden Bruch als Verlust, als Misserfolg, den seelisch zu verkraften Ihnen häufig sehr schwer fällt.

Manchmal sind Sie wenig lebenstüchtig und haben deshalb Mühe, die von Ihnen ersehnte stabile materielle Absicherung zu erreichen. Sehr viel geradlinige Zielstrebigkeit, Durchsetzungskraft und zähe Ausdauer haben Sie meist nicht, doch stehen andererseits materielle Interessen bei Ihnen selten im Vordergrund der Zielsetzungen. Durch Fehlschläge lassen Sie sich leicht verunsichern und entmutigen, und neue Anläufe fallen Ihnen schwer, weil es Ihnen häufig an Selbstvertrauen und dem notwendigen Energiepotenzial fehlt. Nicht selten trauen Sie sich ganz einfach zu wenig zu, aber damit unterschätzen Sie sich, denn es fehlt Ihnen keineswegs an Eigenschaften und Fähigkeiten, die Ihnen beruflich zum Erfolg verhelfen können; lesen Sie darüber mehr im nächsten Kapitel. Zwar kann es sein, dass Sie den ersehnten Durchbruch erst nach dem dreißigsten Lebensjahr schaffen, aber das ist kein Anlass zum Pessimismus: Wenn Sie sich ständig zu niedrig einschätzen, schaffen Sie ihn nie. Deshalb ist es wichtig, dass Sie zunächst einmal erkennen, wieviel Positives Ihnen in die Wiege gelegt wurde und welche Möglichkeiten Ihnen offen stehen. Dieses Wissen wird Ihr Selbstwertgefühl stärken und Ihnen mehr Sicherheit und Selbstvertrauen geben. Verschließen Sie aber auch die Augen vor Ihren Schwächen und Mängeln nicht, denn nur wenn Sie sich ihrer bewusst sind, können Sie gezielt gegensteuern. Dabei können Ihnen wohlmeinende Mitmenschen viel helfen: Bleiben Sie also nach außen hin offen und kontaktfähig, um solche Hilfe erlangen zu können. Wichtig ist für Sie ein inneres Gleichgewicht, das Ihre Stimmungslagen stabilisiert und Ihnen seelischen Auftrieb gibt. Wenn Sie all dies beachten, werden Ihre positiven Eigenschaften zu voller Entfaltung kommen und Ihnen eine befriedigende und beglückende Gestaltung Ihres Lebens ermöglichen.

3. Dekade vom 13.07. bis zum 22.07.

Ihr Wesen:	gefühlsbetont, introvertiert, empfindsam, freundlich
Ihr Auftreten:	ruhig, verhalten, verbindlich, bedächtig bis langsam, manchmal unsicher und ängstlich
Ihr Wünschen:	stimmungsabhängig, schutzsuchend und beschützend, hilfsbereit, nicht sonderlich zielstrebig, traditionsverhaftet, auf Absicherung bedacht, dem Schönen zugetan
Ihr Denken:	fantasievoll, vielseitig, gefühlsbestimmt, assoziativ, idealistisch, manchmal unstet, verschwommen und unberechenbar
Ihr Handeln:	reaktiv, hilfsbereit, besorgt, vorsichtig, auf äußeren Beifall bedacht, stimmungsabhängig, wenig ausdauernd, manchmal unzuverlässig
Ihr Ausdruck:	feinfühlig, zurückhaltend, unbestimmt, manchmal unklar und unlogisch
Ihr Fühlen:	warmherzig, anlehnungsbedürftig, mitfühlend, zärtlich, besitzergreifend, nicht sonderlich beständig, manchmal sentimental und stark sinnlich

Als Krebs-Geborener der dritten Dekade sind Sie sehr empfänglich und empfindsam für alle Einflüsse und Eindrücke, die aus der Umwelt auf Sie einströmen. Nach außen hin sind Sie eher verhalten bis verschlossen, wenngleich meist freundlich: Es dauert einige Zeit, bis man den Schlüssel zu Ihrem komplexen Wesen entdeckt. Nicht selten wirft man Ihnen Launenhaftigkeit und Unbeständigkeit vor, und das sicherlich nicht ganz zu Unrecht. Ihr Handeln ist durch eine schwer durchschaubare, wetterwendische und gefühlsabhängige innere Logik bestimmt, die sich kaum in rationale Begriffe fassen lässt. Besonders in jungen Jahren fällt es Ihnen recht schwer, Ihre Gefühlslage, die auch Ihr ganzes Denken und Tun bestimmt, einigermaßen konstant zu halten. Überreaktionen kommen häufig vor, oft weiß Ihre Umgebung nicht, woran sie mit Ihnen ist. Man braucht schon einige Geduld und Nachsicht, um Reibungen zu vermeiden, und stets muss man auf überraschende Stimmungsumschwünge gefasst sein. Es lohnt sich aber, mit Ihnen Geduld zu haben, denn Sie sind ein Mensch tiefer und warmer Gefühle, der anderen neue Empfindungswelten und innere Horizonte zu erschließen vermag und mit einem intuitiven Gespür auf Mitmenschen und die Umwelt eingehen kann. Zu Ihren positiven Fähigkeiten zählen Feinfühligkeit, Mitgefühl, Vorsicht, Klugheit, Häuslichkeit, ein ausgeprägter Beschützerinstinkt, Gutmütigkeit und ein reiches Gefühlsleben, wozu unter dem Einfluss des Nachbar-Tierkreiszeichens Löwe noch Unabhängigkeit, Großzügigkeit, Sinnlichkeit und Herzlichkeit kommen können. Verstärkt, abgeschwächt oder gar ins Gegenteil verkehren werden können diese Eigenschaften durch andere Faktoren Ihres Geburtshoroskops, wie z. B. Mond- oder Gestirnstände. Unter Umständen werden dann daraus Launenhaftigkeit, Überempfindlichkeit, Neigung zum Selbstmitleid, Dünnhäutigkeit, Habgier, Beeinflussbarkeit, Wankelmut, Trägheit, Passivität und bei deutlichem Löwe-Einfluss am Ende der Dekade auch noch Hochmut, Vergnügungssucht, Egoismus und Triebhaftigkeit. Ihre komplexe Gefühlswelt machte sich schon in der Kindheit bemerkbar. Ein ausgeprägter

Anklammerungsreflex zählt zu Ihrer natürlichen »Grundausstattung« und macht feste, starke Bezugspersonen nötig, die Ihnen viel Liebe und Zuwendung schenken. Sie brauchen viel Ermunterung, Lob und Anerkennung, um allmählich innere Sicherheit und Selbstvertrauen zu gewinnen. Ihre seelische Verwundbarkeit macht es Ihnen schwer, sich den Anforderungen der rauhen Wirklichkeit zu stellen. Um sich ihnen zu entziehen, entwickeln Krebs-Geborene in der Regel schon früh eine Art von Schutz- und Fluchtmechanismus, indem sie sich in ihr »Krebsgehäuse« zurückziehen. Dort haben sie sich eine Traum- und Wunschwelt aufgebaut, die ihre reiche Fantasie ihnen willig liefert. Dieser psychische Mechanismus, der oft zeitlebens beibehalten wird, findet auch eine äußere Entsprechung: Krebs-Geborene sind meist sehr häuslich, brauchen ein Refugium, das ihnen Zuflucht und Geborgenheit gewährt, wenn äußerer Druck auf ihnen lastet. Für sie ist das Zuhause keine Durchgangsstation, von der aus sie immer wieder zu neuen Taten aufbrechen, sondern ihr ureigenstes Revier, das sie zwar fast immer mit viel Geschmack wohnlich einrichten, das sie aber weit weniger bereitwillig als Vertreter anderer Tierkreiszeichen für Außenstehende öffnen. Zwar sehnen sie sich nach menschlicher Wärme und sind deshalb keineswegs ungesellig, und ihre stete Hilfsbereitschaft sichert Gästen immer eine freundliche Aufnahme, doch letztlich betrachten sie ihr trautes Heim als Privatsphäre, die nicht allzusehr von der »Außenwelt« überschwemmt werden sollte. Voll integriert in diese Sphäre sind lediglich der Lebenspartner und eventuelle Kinder.

Der schon erwähnte kindliche Anklammerungsreflex äußert sich später als Festhalten- und Bewahrenwollen, als Streben nach Absicherung und Sicherstellung. Ebenso wie in materieller Hinsicht zeigt sich das in zwischenmenschlichen Beziehungen. Der Krebs-Geborene ist ihm nahestehenden Menschen gegenüber ungemein fürsorglich, will sie beschützen, abschirmen, unter die Fittiche nehmen. Er ist darauf bedacht, ihnen ein geborgenes Zuhause zu schaffen, wie er es auch für sich selbst braucht. Gleichzeitig aber werden diese Menschen für ihn zu einer Art von Besitz, auf den Ausschließlichkeitsanspruch erhoben wird; eifersüchtig wird darüber gewacht, dass dieser »Besitzstand« nicht angetastet wird. Gewiss geschieht das in bester Absicht, glaubt doch der Krebs-Geborene, dadurch die Stabilität und Dauer der Bindung stärken zu können; dass dies als erstickende Einengung des persönlichen Freiraums empfunden werden könnte, kommt Ihnen gar nicht in den Sinn.

Als Krebs-Geborener brauchen Sie zur Stärkung Ihres Selbstwertgefühls nicht nur Erfolgserlebnisse, sondern auch Lob und Beifall von außen. Zweifellos sind Sie durch die Abhängigkeit von Umwelteinflüssen – besonders wenn diese auf Ihre Gefühls- und Stimmungslagen einwirken – mehr oder weniger manipulierbar, aber wer meint, dass Sie sich grundsätzlich leicht beherrschen und unterwerfen ließen, irrt sich gründlich. Besonders wenn Sie gegen Ende der Dekade geboren sind, so dass bereits das Nachbarzeichen Löwe auf Sie einwirkt, sind Sie recht eigenwillig, lehnen Zwang und Unterordnung ab und lassen sich nicht herumkommandieren. Beeinflussbar sind Sie hauptsächlich auf der Gefühlsebene.

Die Abhängigkeit von Gefühlen und Stimmungen kann Ihnen und Ihrer Umwelt zu schaffen machen, denn sie wirkt sich auf Ihr ganzes Denken und Tun und damit auch auf Ihre Leistungsbereitschaft, Leistungsfähigkeit und Ihre zwischenmenschlichen Beziehungen aus. In der Regel sind Sie ziemlich labil, also in Ihrer Gemütslage häufigen und recht starken Schwankungen unterworfen, für die selten erkennbare Ursachen vorliegen. Rein verstandesmäßig können Sie das nicht steuern, doch kann ein bewusstes Bemühen um die Erhaltung bzw. Wiederherstellung des leib-seelischen Gleichgewichts eine gewisse Stabilisierung bewirken. Da nicht nur Ihre Mitmenschen, sondern auch Sie selbst unter Ihrer Launenhaftigkeit leiden, käme das Ihren sowieso nicht sonderlich strapazierfähigen Nerven zugute, so dass Sie insgesamt ausgeglichener und belastbarer werden. Gut wäre für Sie ein verständnisvoller Partner, der Ihre Stimmungsschwankungen aufzufangen und Ihnen mehr innere Sicherheit zu geben vermag. Diese Hinwendung wird belohnt werden, denn Sie sind ein treuer, opferbereiter Wegbegleiter, der in seelischen Notlagen mit großer Einfühlsamkeit ein hilfreicher Ratgeber ist.

Sie streben nach Absicherung und Stabilität, nicht nur emotionell, sondern auch für Ihren materiellen Lebensrahmen. In materieller Hinsicht fällt es Ihnen jedoch häufig nicht leicht, dieses Ziel zu erreichen. Ihre Energiepotenzial ist begrenzt, Sie haben keine harten Ellenbogen, und sonderlich geschäftstüchtig sind Sie selten. Durch Fehlschläge lassen Sie sich leicht entmutigen und werfen deshalb oft vorschnell die Flinte ins Korn. Die Gefühlsabhängigkeit erschwert es Ihnen, geraden Kurs zu halten. Auf der anderen Seite jedoch haben Sie ein intuitives Gespür, das Ihnen doch Perspektiven und Möglichkeiten bietet, die dem Verstandesmenschen weitgehend verschlossen bleiben. Mangel an Kraft gleichen Sie teilweise durch zähen Durchhaltewillen aus. Am Ende der Dekade wird die Passivität des Krebs-Geborenen durch den Löwe-Einfluss stark gemildert, so dass mehr Dynamik Denken und Handeln belebt. Insgesamt wurden Ihnen so viele positive Eigenschaften in die Wiege gelegt, dass Sie wahrlich keinen Grund haben, sich zweifelnd in Ihr »Krebsgehäuse« zu verkriechen. Wenn Sie sich dies einmal klarmachen, werden Sie auch mehr Selbstvertrauen und Sicherheit gewinnen. Ein gesundes Selbstwertgefühl trägt zur inneren Stabilisierung bei und gibt Ihnen so viel Auftrieb, dass Sie in Ihrem Leistungsvermögen vom Lob und Beifall der Mitmenschen weitgehend unabhängig werden. Denken Sie einmal darüber nach, und bemühen Sie sich bewusst um Ihr inneres Gleichgewicht, damit Sie mehr Standfestigkeit und Durchsetzungsvermögen gewinnen. Wenn Ihnen dies gelingt, werden Ihnen Ihre vielen positiven Eigenschaften zu einer befriedigenden und beglückenden Gestaltung Ihres Lebens verhelfen.

Meine Anlagen und Neigungen

Sie sind introvertiert, nach innen gewandt, leben also gleichsam von außen nach innen. Das bedeutet, dass Sie Menschen, Ereignisse und Aufgaben mit abwartender Vorsicht auf sich zukommen lassen, bevor sie aktiv werden. Rasch zupackendes Handeln ist nicht Ihr Fall; meist warten Sie ab, bis die Umstände für Sie entschieden haben, um dann zu reagieren. Diese schon früh eingeübte Grundhaltung zählt allerdings auch zu Ihren Stärken: Mit großer Sensibilität und Intuition erfassen Sie den Kern einer Situation genauer als andere und können deshalb auch angemessener reagieren. Wenn Sie am Anfang der Dekade geboren sind, können die Vielseitigkeit und geistige Wendigkeit, die Ihnen das Nachbarzeichen Zwillinge verleiht, sich zusätzlich positiv auswirken.

Nur sehr selten kommen Sie in die Versuchung, Ihre Interessen auf Kosten anderer durchsetzen zu wollen; eher besteht die Gefahr, dass Sie das Opfer von Rücksichtslosigkeiten anderer werden. Weder nervlich noch seelisch sind Sie sonderlich robust und neigen deshalb dazu, Ihren weichen, verletzlichen Kern gegen die Umwelt abzuschotten: Wenn sie verunsichert oder entmutigt sind, ziehen Sie sich in Ihr »Krebsgehäuse« zurück und flüchten sich vor der Härte der Wirklichkeit in eine Traum- und Wunschwelt. Diese Empfindlichkeit zeigt sich bei Ihnen schon als Kind und kann sich später noch verstärken; unter Umständen kann die Realitätsflucht zu einem eingefahrenen Verhaltensmuster werden.

Um dem gegenzusteuern, sollte das Krebs-Kind eine behutsame, gezielte Förderung seiner positiven Anlagen und vor allem eine Stärkung seines Selbstwertgefühls erfahren. Das geschieht am besten durch Erfolgserlebnisse, die, mit Lob und Anerkennung bedacht, immer wieder seelischen Auftrieb geben, aber auch durch die bewusste Pflege des Umgangs mit anderen Kindern, von denen es anerkannt wird, damit die instinktive Kontaktscheu abgebaut wird. In der Schule können die Leistungen wegen der starken Abhängigkeit von Gefühlen und Stimmungen recht schwankend sein. Erzwingen lässt sich hier nichts; auf Vorhaltungen und Kritik reagieren Krebs-Geborene negativ. Viel mehr erreicht man durch Lob und Ermunterung. Mit abstrakten Begriffen und Gedankengängen tun sich Krebs-Kinder meist schwer; konkrete Veranschaulichung kann ihnen einen Zugang gewähren. Ausgesprochen lerneifrig sind sie selten, doch bemühen sie sich, den Anforderungen gerecht zu werden und nicht nachteilig aufzufallen. Ein sinnvoller Ausgleich für den schulischen Leistungsdruck sind handarbeitliche oder kunsthandwerkliche Betätigungen, die den dafür in der Regel begabten Krebs-Kindern leichtfallen und ihre reiche Fantasie anregen. Meist lieben Krebs–Kinder Bücher und Filme, diese können aber andererseits auch die Neigung zur Flucht in eine Traumwelt fördern und zu einer gerade bei ihnen wenig wünschenswerten Vernachlässigung der zwischenmenschlichen Kontakte führen.

Die Berufspläne des jungen Krebs-Geborenen sind häufig idealistisch oder romantisch gefärbt. Sein Beschützerinstinkt treibt ihn, anderen zu helfen, Not zu lindern, Ungerechtigkeit zu bekämpfen. Zwar kann in späteren Jahren eine realistischere Sicht der Gegebenheiten und eine nüchternere Einschätzung der eigenen Möglichkeiten diese Jugendträume verblassen lassen, doch wählen verhältnismäßig viele Krebs-Geborene später tatsächlich soziale oder Heil-Berufe.

Bis Sie sich allerdings für einen bestimmten Beruf entschieden haben, kann es sehr lange dauern: Rasche Entschlusskraft und klare Zielsetzungen sind Ihnen besonders in jungen Jahren nur selten gegeben. Deshalb kann es bis etwa zum dreißigsten Lebensjahr manches Auf und Ab, manchen Rückschlag und Neubeginn geben. Verunsicherung und Selbstzweifel lassen den Leistungswillen immer wieder erlahmen und können zeitweise eine angeborene Passivität zu entmutigter Tatenlosigkeit werden lassen. In solchen Phasen droht eine Abkapselung, die eine Aktivierung von außen sehr erschwert. Mit zunehmenden Jahren wächst jedoch die Erfahrung und damit auch die zielgerichtete Zähigkeit, so dass der Aufstieg schließlich doch geschafft wird und die erstrebte Beachtung und Anerkennung sich einstellt.

Wichtig sind für den Krebs-Geborenen eine gefühlsmäßige Beziehung zum Beruf und eine harmonische, möglichst spannungsarme Arbeitsatmosphäre. Er braucht einen gewissen Freiraum, fühlt sich in einem Korsett von starren Vorschriften und Regeln höchst unwohl. Zwar zögert er, Verantwortung zu übernehmen, die ihm rasche Entscheidungen abfordert, aber noch mehr lehnt er eine Position ab, in der er gegängelt und herumkommandiert wird. Sonderlich anpassungsfähig ist er nicht. Deshalb fühlt er sich häufig in einem freien Beruf am wohlsten, in dem er sich seine Arbeitswelt weitgehend selbst gestalten kann, doch kann ihm dann ein Mangel an Geschäftstüchtigkeit, Durchsetzungsvermögen und zäher Ausdauer manchmal den Weg zum materiellen Erfolg erschweren; ein dynamischerer, realitätsbezogenerer Partner käme ihm deshalb zugute.

Eine Zuordnung bestimmter Berufe zu den Tierkreiszeichen, wie sie in der astrologischen Literatur zu finden ist, erscheint angesichts der heutigen Gegebenheiten in der Arbeitswelt nicht mehr sonderlich sinnvoll. Wer heute ins Berufsleben eintritt, darf nicht mehr damit rechnen, zeitlebens im einmal gewählten Beruf oder gar an ein und derselben Stelle tätig sein zu können. Eine neue Mobilität ist gefragt, die nicht selten auch einen Berufswechsel einschließt, denn die Arbeitswelt ist in einem vor Jahrzehnten noch unvorstellbaren Maß in Bewegung geraten.

Wir beschränken uns deshalb auf allgemeine Hinweise, in welchen Berufszweigen Krebs-Geborene sich in der Regel am wohlsten fühlen. Dazu gehören, wie schon erwähnt, alle Sozial- und Heilberufe von der Kindergärtnerin über den Fürsorger bis zum Arzt oder der Ärztin. Das Streben, gegen Unrecht ankämpfen zu wollen, kann juristische Berufe attraktiv erscheinen lassen. Das Fernweh, das sich oft schon in der Jugend bemerkbar macht, kann auch beruflich umgesetzt werden, wobei vor allem Berufe in Frage kommen, die mit Wasser und Seefahrt zu tun haben, beispielsweise im Überseehandel oder in der Touristik; am Reisen und am Wassersport im weitesten Sinne haben viele Krebs-Geborene ihre Freude. Die ausgeprägte Sensibilität lässt viele einen kunsthandwerklichen oder künstlerischen Beruf ergreifen.

Krebs-Geborene sind in der Regel stark der Vergangenheit verhaftet, interessieren sich für Geschichte und die Zeugnisse zurückliegender Zeiten, beispielsweise für historische Bauten und Antiquitäten. Manchmal sind sie selbst Sammler; aber öfter wenden sie sich Berufen zu, in denen sie mit der Vergangenheit zu tun haben (Archäologie, Geschichte, Kunstgeschichte, Museologie, Restaurierung usw.).

Auf der anderen Seite gibt es auch Krebs-Geborene, denen das Wie eines Berufs sehr viel wichtiger ist als das Was: Sie erstreben einen stabilen Arbeitsplatz, der ihnen Sicherheit gibt und an dem sie sich geborgen fühlen, etwa bei einer Behörde oder in einem möglichst krisenfesten Großbetrieb. Sie wollen nicht im Rampenlicht stehen, sondern in erster Linie materiell abgesichert sein, und dafür nehmen sie notfalls auch Tätigkeiten in Kauf, die ihnen an sich nicht unbedingt zusagen. Wenn das Arbeitsklima stimmt und ihre Nerven nicht allzu sehr strapaziert werden, passen sie sich den Gegebenheiten an. In einer spannungsgeladenen, aufreibenden Atmosphäre werden sie es freilich auf Dauer nicht aushalten.

Deshalb ist es für Krebs-Geborene wichtig, einen Beruf zu ergreifen, den sie nicht nur mit ihren Kenntnissen und Fähigkeiten ausfüllen können, sondern der auch möglichst weitgehend mit ihrem Gemüt und ihrer Gefühlslage harmoniert; und vor allem eine Position zu finden, in der ihnen ein harmonisches Klima die volle Entfaltung ihrer Fähigkeiten erlaubt, so dass sie die ersehnte Selbstbestätigung finden.

Meine Gesundheit

Wenn in früheren Jahrhunderten Leute von Rang und Namen erkrankt waren, wurde als erstes nicht der Arzt, sondern der Astrologe gerufen, der dem Heilkundigen die für Diagnose und Behandlung wichtigen Hinweise zu geben hatte. Häufig waren jedoch die Ärzte selbst Astrologen, so etwa Paracelsus, der bedeutendste Mediziner an der Wende des Mittelalters zur Neuzeit, der die Meinung vertrat, dass die Beachtung der Gestirnstände eine notwendige Voraussetzung für jede erfolgreiche Behandlung sei. Das war damals schon seit Jahrtausenden üblich, wie Zeugnisse aus der griechischen und römischen Antike beweisen.

Uralt sind auch die Zuordnungen bestimmter Körperteile, Organe und Erkrankungen zu Tierkreiszeichen und Gestirnen. Das bedeutet nichts anderes, als dass je nach den Konstellationen des Geburtshoroskops bestimmte Schwachpunkte und Gefährdungen gegeben sind. Es heißt jedoch nicht, dass entsprechende Erkrankungen und Schädigungen tatsächlich eintreten müssen: Eine durch kosmische Prägung gegebene, im Geburtshoroskop angezeigte Krankheits- und Schädigungsdisposition wird erst dann akut, wenn im weiteren Verlauf des Lebens bestimmte auslösende Gestirnstände die schlummernden Anlagen aktivieren. Daraus ist freilich nicht zu schließen, dass »die Sterne krank machen«; sie machen ebensowenig krank, wie eine Uhr Zeit »macht«. Uhren zeigen Zeit an, und genauso zeigen Gestirne drohende Gefährdungen an. Wenn ich rechtzeitig auf diese Warnungen achte, meine Schwachpunkte kenne und weiß, welche Gefahren mir drohen, kann ich Gegenmaßnahmen ergreifen, um sie abzuwenden. Ich kann ganz gezielt meine Lebensweise und Ernährung umstellen, auf Genussgifte verzichten, meinen Organismus durch Bewegung Gymnastik, Wasseranwendungen nach Kneipp usw. kräftigen und so dafür sorgen, dass meine Krankheitsdispositionen nicht zu tatsächlichen Erkrankungen werden. Auf den ersten Blick erscheinen die traditionellen medizinischen Bezugsetzungen der Astrologie fast primitiv. Dem Zeichen Krebs zugeordnet sind die Brust mit Brustwirbel, Speiseröhre und Zwerchfell, Magen und Bauchspeicheldrüse und als sekundäre Körperregionen Knochen, Knie und die Haut. Es besteht eine Anfälligkeit für Magenleiden, Verdauungsstörungen, Gemütsleiden und Erkrankungen der Brustdrüsen, aber auch für Hautkrankheiten, Allergien und Meniskusschäden. Im Tierkreiszeichen Krebs »herrscht« der Mond. Ihm werden unter anderem das Kleinhirn, der Flüssigkeitshaushalt des Körpers, die weiblichen Organe und ebenfalls der Magen zugeordnet. Dies verweist auf Gefährdungen durch Stauungen der Lymphgefäße (Wassersucht), Frauenleiden, Drüsenerkrankungen, Geschwülste und Gemütsleiden.

Die Astrologie hat diese Bezüge nicht willkürlich festgelegt, sondern in Jahrtausenden durch sorgfältige Beobachtung von irdischem und himmlischem Geschehen erarbeitet.

Gefährdung und Vorbeugung

Die bei Ihnen angezeigten Gefährdungen bedeuten keineswegs, dass es schicksalhaft und unausweichlich zu einer entsprechenden Schädigung kommen muss, sondern lediglich, dass Sie in dieser Hinsicht besonders vorsichtig sein müssen, damit eine bei Ihnen gegebene Möglichkeit nicht zur schadenbringenden Wirklichkeit wird. Das hat zunächst einmal mit Astrologie wenig zu tun, sondern ist ganz einfach ein Gebot des gesunden Menschenverstandes. Wenn Sie beispielsweise wissen, dass sie einen schwachen Magen haben, achten Sie ganz von selbst darauf, ihn nicht zu überlasten, dann Sie wissen aus schmerzlicher Erfahrung, was die Folge wäre. Ihre im Horoskop angezeigten Gefährdungen mögen Ihnen zwar weniger klar bewusst sein, sind aber doch ebenso ernstzunehmen. Der Wert der Horoskopaussage liegt ja gerade darin, dass sie Ihnen Erkenntnisse über Ihre leib-seelischen Anlagen und Gegebenheiten vermittelt, also auch über Ihre physische und psychische Gesundheit und deren mögliche Beeinträchtigungen. Wenn Sie Ihre Schwachpunkte kennen, kön-

Aufteilung der Tierkreiszeichen auf die verschiedenen Körperzonen

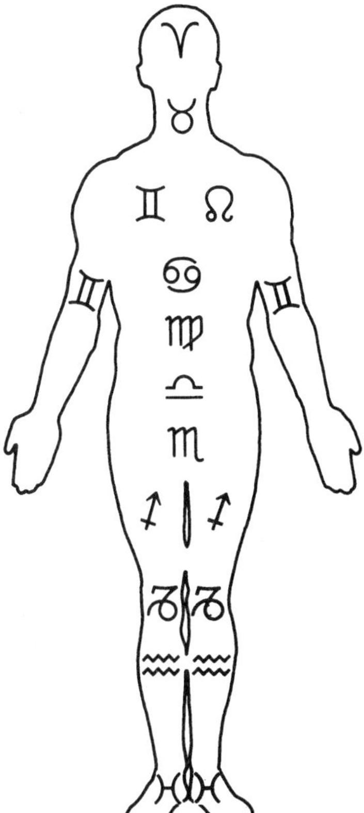

♈ Widder: Kopf
♉ Stier: Kehle, Hals
♊ Zwillinge: Lunge und Arme
♋ Krebs: Brust und Magen
♌ Löwe: Herz
♍ Jungfrau: Darm
♎ Waage: Nieren und Harnleiter
♏ Skorpion: Geschlechtsorgane
♐ Schütze: Oberschenkel
♑ Steinbock: Knie
♒ Wassermann: Waden
♓ Fische: Füße

nen Sie gezielt dagegen antreten, und durch vorbeugende Maßnahmen dafür sorgen, dass Anfälligkeiten nicht zu Erkrankungen und Schädigungen führen. Wir müssen uns hier freilich auf allgemeine Hinweise beschränken, denn die sogenannte Astromedizin oder medizinische Astrologie ist eine hochkomplizierte Erfahrungswissenschaft, deren Diagnose- und Therapiemethoden nicht auf wenigen Seiten darstellbar sind.

Ihre durch das Sonnenzeichen angezeigten Gefährdungen betreffen in erster Linie die Brust und den Magen mit Speiseröhre, Brustwirbel, Zwerchfell und Bauchspeicheldrüse und in zweiter Linie Knochen, Knie und Haut. Sie sind anfällig für psychosomatische Erkrankungen, Magenleiden, Verdauungsstörungen, Wassersucht, aber auch für Hautkrankheiten und Schädigungen der Knie. Die Gefährdung im Magenbereich kann zu Geschwüren führen.

Sie können einiges tun, um diesen Gefährdungen vorzubeugen. Von ganz besonderer Bedeutung für Ihre Gesundheit ist die Erlangung und das Aufrechterhalten eines körperlichen und seelischen Gleichgewichtes. Reizbarkeit, Ärger, Depression »somatisieren« sich bei Ihnen sehr schnell, das heißt, negative Gefühle schlagen sich in körperlichen Krankheitssymptomen nieder, die zu chronischen Krankheiten führen können, wenn nicht ihre Wurzel, die seelische Unausgeglichenheit, bekämpft wird. Suchtgifte wie Alkohol und Nikotin sind dabei Ihr Feind Nummer eins, weil sie Ihnen die vorübergehende Illusion vermitteln können, Sie hätten die Probleme im Griff. Besonders bei mangelnder Anerkennung Ihrer Leistungen und in einem schlechten Betriebsklima verstärken sich Ihre Gefährdungen, die »Flucht in die Krankheit« wird dann häufig zum einzigen Ausweg. Im Grunde gilt: Je besser es Ihnen gelingt, Ihren Alltag friedlich und entspannt zu gestalten, je ehrlicher und offener Sie sich mit Enttäuschung, Wut und Ärger auseinandersetzen, desto besser wird Ihre physische Konstitution und damit Ihre Abwehrkraft. Vor allem im ersten Lebensdrittel brauchen Sie länger als andere, um von einer Krankheit zu genesen. Das ist konstitutionell bedingt und ändert sich in späteren Jahren.

Zu sportlichen abhärtenden Aktivitäten müssen Sie sich meist aufraffen; tun Sie es! Wenn Sie die richtige Sportart wählen, können Sie mehrere Fliegen mit einer Klappe schlagen: Ihre Neigung, Gefühle »hinunterzuschlucken«, verantwortlich besonders für Ihre Gefährdung durch Gastritis und Magengeschwüre, ließe sich bekämpfen. Ihr Hang zur Bequemlichkeit und Trägheit würde im Schach gehalten. Vielleicht gelänge es Ihnen sogar, sich dadurch mehr Ausdauer, Konzentration und schnelle Reaktion anzuerziehen, Eigenschaften, die Ihnen selten in die Wiege gelegt worden sind.

Achten Sie besonders auch auf Ihre Ernährung. Ihre Vorliebe für Süßigkeiten und scharf gewürzte Speisen sollten Sie zügeln, denn sie verstärkt die Gefährdungen des Magen- und Darmtraktes. Frustrationen, Sorgen und Kummer essen Sie gern »weg« oder, schlimmer noch, spülen sie mit Alkohol hinunter. Gute Ratschläge von außen helfen da meist wenig, zu mehr Selbstdisziplin und Ehrlichkeit sich gegenüber müssen Sie sich selbst erziehen. Beobachten Sie so objektiv und selbstkritisch wie möglich Ihre schädigenden Verhaltensweisen, und versuchen Sie nach und nach, positive »Gegen-Routinen« zu entwickeln. Vor allen Dingen: Lassen Sie sich durch Rückschläge nicht entmutigen! Am besten, Sie umgeben sich mit Gleichgesinnten, um mit ihnen gemeinsam durch eher spielerische sportliche Aktivität in der Natur das innere Gleichgewicht zu finden, das für Sie die unerlässliche Voraussetzung für körperliches Wohlbefinden ist. Diese harmonische Ausgewogenheit ist für Sie das weitaus beste Mittel, um alle bei Ihnen angezeigten Gefährdungen in den Griff zu bekommen.

Die ideale Partnerschaft – Liebe und Ehe

Manche Menschen verstehen sich auf Anhieb prächtig und kommen ausgezeichnet miteinander aus, während andere nur schwer zueinander Kontakt finden oder sich gar in offenen Streitigkeiten oder schwelenden Konflikten aneinander zerreiben. Wesensverwandtschaften und Wesensgegensätze spielen in zwischenmenschlichen Beziehungen eine entscheidende Rolle, und da das Wesen des Menschen maßgeblich durch kosmische Prägung mitbestimmt wird, sind Partnerschaftsvergleiche auf astrologischer Grundlage ungemein beliebt.

Nun sind freilich solche Vergleiche im konkreten Fall nur dann wirklich aussagekräftig, wenn die individuellen, präzis erstellten und ausgedeuteten Horoskope beider Partner als Grundlage dienen. Immerhin lassen sich aus den Sonnenzeichen zweier Menschen »Verträglichkeitswerte« ableiten, ist doch das Tierkreiszeichen, in dem zum Zeitpunkt der Geburt die Sonne gestanden hat, der wichtigste Prägefaktor des Individualhoroskops. Zwar kann man aus einem Wesensbild, das lediglich aus dem Sonnenzeichen abgeleitet wurde, keine genauen Aussagen für den Einzelfall gewinnen, aber solche Vergleiche sind dennoch sinnvoll, weil sie helfen können, zwischenmenschliche Beziehungen erfreulicher und reibungsloser zu gestalten: Wenn man die Stärken und Schwächen seiner Mitmenschen kennt, vermag man sich besser darauf einzustellen und manche Reibereien und Krisen zu vermeiden. Dazu gehört freilich auch, dass man zunächst einmal über sich selbst möglichst genau Bescheid weiß, sich seine Schwächen eingesteht und sich keiner Selbsttäuschung hingibt. Deshalb stellen wir den Partnerschaftsvergleichen nach Sonnenzeichen Ausführungen über Ihr eigenes Verhalten in zwischenmenschlichen Beziehungen voran.

Auf Grund der Charakteristiken der Sonnenzeichen hat man eine Vergleichstabelle der zwölf Tierkreiszeichen erstellt, auf der die Verträglichkeit nach einem von 1 bis 6 reichenden Punktesystem bewertet wird. Danach verträgt sich der Krebs am besten mit Skorpion und Fische (je 6 Punkte), dann mit Krebs und Steinbock (je 5 Punkte) und mit Stier und Jungfrau (je 4 Punkte). Nicht so gut klappt es mit Zwilling und Waage (je 3 Punkte) sowie mit Löwe und Wassermann (je 2 Punkte), während Widder und Schütze am unteren Ende der Verträglichkeitsskala stehen (je 1 Punkt). Diese Bewertung gilt freilich nur für die grundlegenden Wesenszüge; im konkreten Einzelfall kann ein Krebs durchaus mit einem Widder auskommen, doch müssen in dieser Verbindung die Partner sich mehr als bei anderen Verbindungen bemühen, trotz der erheblichen Wesensunterschiede die Beziehung harmonisch zu gestalten, während in der Partnerschaft mit einem Skorpion diese Harmonie weitgehend von vornherein gegeben ist.

Ihr Partnerschaftsverhalten

Die Prägung durch das Sonnenzeichen hat Ihnen eine Vielzahl von positiven Anlagen gegeben, macht Sie allerdings auch zu einem für nicht wenige Menschen problematischen und anstrengenden Partner. Grund hierfür ist die Widersprüchlichkeit, die in Sie gelegt ist: Sie sind gleichzeitig aufnahmebereit und in sich gekehrt, können nach außen einen harten Panzer zeigen, sind jedoch seelisch leicht verwundbar. Ihre Stimmungen schwanken häufig ohne einen für Außenstehende erkennbaren Grund zwischen »himmelhoch jauchzend« und »zu Tode betrübt«. Einerseits sind Sie strebsam und zäh, können Ziele hartnäckig verfolgen, doch andererseits ist Ihre Grundeinstellung gegenüber dem Leben, aber auch Ihr Verhalten im Alltag eher passiv als aktiv. Sie sind ungemein hilfsbereit und fürsorglich, können aber auch nachtragend und rachsüchtig sein, wenn Sie sich verletzt fühlen.

Diese Gegensätzlichkeiten, die oft unvermittelt zu Tage treten, machen es einem Partner nicht leicht, sich auf Sie einzustellen und sich so zu verhalten, dass ein harmonisches, dauerhaftes Miteinander gewährleistet ist. Häufig ist es für ihn schwierig, Ihre derzeitige Seelenlage zu erkennen, da Sie sich nach außen anders geben, als Ihnen zumute ist. So neigen Sie dazu, innere

Unsicherheit und Schwächen durch selbstbewusstes, ja forsches Auftreten zu überspielen, geben sich hart, um Ihren weichen Kern abzuschotten. Sie können hektische Betriebsamkeit an den Tag legen, ohne dabei ein klares Ziel vor Augen zu haben, und sich fröhlich geben, um Enttäuschung und seelische Wunden zu überdecken. Das kann sich freilich von einer Minute zu anderen ändern: Sie versinken, ohne dass Ihr Partner den Anlass erkennt, in tiefsten Pessimismus oder niedergedrückte Teilnahmslosigkeit. Diese in Ihrer Widersprüchlichkeit begründeten plötzlichen Stimmungsumschwünge sind es, die Mitmenschen, die sich nicht in Sie einzufühlen vermögen, ungemein irritieren.

Das heißt freilich keineswegs, dass es für jeden schwierig ist, mit Ihnen auszukommen – nur der richtige Partner muss es sein. Es sollte jemand sein, der wie Sie geborgene Häuslichkeit schätzt, einfühlsam ist, seelische »Streicheleinheiten« zu geben vermag und sich gern umsorgen lässt. Er muss bereit sein, seinen persönlichen Freiraum einschränken zu lassen, denn Sie sind sehr besitzergreifend und neigen deshalb zu Eifersucht. Er muss es verstehen, auf Sie einzugehen, Ihre Stimmungsschwankungen abzufangen und Ihnen die starke Schulter zu bieten, derer Sie bedürfen.

Einem solchen Partner werden Ihre zahlreichen positiven Anlagen zugute kommen: Sie sind anhänglich, fürsorglich, bemühen sich um einen schönen Rahmen für die Partnerschaft, können sich in andere einfühlen und strahlen eine warme Sinnlichkeit aus. Sie sind ausdauernd und strebsam und sorgen dafür, dass Erworbenes bewahrt und gemehrt wird. Bemühen Sie sich, Ihre Launenhaftigkeit zu zügeln, mehr innere Sicherheit zu gewinnen und sich Ihrem Partner stärker zu öffnen, damit Missverständnisse und sich daraus ergebende Reibungen nach Möglichkeit vermieden werden.

Es dauert einige Zeit, bis Sie in einer engen Bindung sich öffnen und Gefühle zeigen, denn auch hier wollen Sie zuerst sicher sein, die richtige Wahl getroffen zu haben. An losen Verbindungen liegt Ihnen wenig; Sie sind zuverlässig und treu und erwarten Ihrerseits Loyalität und Treue. Seitensprünge verzeihen Sie kaum. Auf sexuellem Gebiet sind Sie meist recht konservativ, aber gefühlsstark und von großer Ausdauer. Sie sorgen in einer Partnerschaft für einen angenehmen materiellen Rahmen und für finanzielle Absicherung, was beides Ihren eigenen Bedürfnissen entspricht, und bemühen sich um solide, dauerhafte Stabilität.

Krebs mit Widder

Der gefühlsbetonte Krebs sucht Sicherheit und Beständigkeit, will Wurzeln schlagen und Besitz ergreifen. Somit bildet er den denkbar größten Gegensatz zum verstandesorientierten, dynamischen, freiheitsliebenden Widder. Für beide ist es nicht leicht, sich auf die Wesensart des Partners einzustellen. Vielleicht lässt sich der verhaltene, konservative Krebs zunächst vom optimistischen Schwung des Widders mitreißen, während die tiefe Gemütswelt des Krebses auf den Widder eine gewisse Faszination ausübt. Eine lose Verbindung kann durch eben diese Wesensgegensätze zusammengehalten werden. In einer engen Verbindung ergeben sich jedoch daraus zahlreiche Reibungen. Der auf die Harmonie der Gefühle bedachte Krebs braucht viele seelische »Streicheleinheiten«, wofür der weniger innerliche Widder nur selten Verständnis hat. Der Krebs wiederum wird nur allzu oft durch die geradlinige Offenheit des Widders verletzt, fühlt sich angesichts seines nach außen gerichteten Tatendrangs zurückgesetzt und vernachlässigt und neigt dann dazu, sich schmollend in seine Schale zurückzuziehen. Dann jedoch haben beide es schwer, wieder zu harmonischen Gemeinsamkeiten zurückzufinden. Sie sollten sich deshalb von vornherein der Andersartigkeit des Partners bewusst sein, müssen dafür Verständnis aufbringen und sich vor einer Bindung ernsthaft prüfen, ob Sie sich seelisch und im Alltagsleben vollkommen darauf einstellen können.

Krebs mit Stier

Da die Vertreter dieser beiden Tierkreiszeichen vorwiegend gefühlsorientiert sind, ist von vornherein eine wichtige Voraussetzung für ein harmonisches Miteinander gegeben: Beide empfinden tief, streben nach Sicherheit und Geborgenheit, sind recht häuslich, geben und brauchen Nestwärme. Allerdings flüchtet sich der leicht verletzliche Krebs nicht selten in eine Wunsch- und Traumwelt, während der Stier sehr viel stärker der Wirklichkeit verhaftet ist. Doch wie der Krebs vermag auch er sich in andere einzufühlen, und so ist er imstande, dem häufig unsicheren Partner den Rücken zu stärken und ihm zu helfen, mit seinen seelischen Krisen fertig zu werden. Diese Hinwendung belohnt der Krebs mit Anhänglichkeit und unverbrüchlicher Loyalität. Dass der Stier-Geborene in einer solchen Verbindung meist die führende Rolle übernimmt, stört den Krebs nur dann, wenn er das Gefühl hat, vom Partner übermäßig gegängelt und bevormundet zu werden. Wenn man sein Selbstwertgefühl verletzt und ihn nörgelnd kritisiert, neigt er dazu, aus der als Käfig empfundenen Partnerschaft auszubrechen, auch wenn der häusliche Stier diesen Käfig noch so bequem gepolstert hat. Die zahlreichen Gemeinsamkeiten können manchmal dazu führen, dass eine Krebs-Stier-Beziehung allzu spannungslos wird; in diesem Fall sollten beide auf belebende Anstöße bedacht sein, beispielsweise durch gemeinsame Reisen oder kulturelle Interessen oder auch durch die Schaffung eines anregenden Bekannten- und Freundeskreises für eine kultivierte Geselligkeit.

Krebs mit Zwillinge

Den Krebs-Geborenen fasziniert oft die interessante geistige Regsamkeit des Zwillings, während dieser sich von der gemütvollen Warmherzigkeit des Krebses angesprochen fühlt. Deshalb kommen beide in einer losen Bindung meist sehr gut miteinander aus. In einer engen Partnerschaft kann es allerdings Probleme geben, denn dann treten viele Wesensgegensätze zutage, die im Alltagsleben Reibereien erzeugen. Der Krebs ist zwar intelligent, jedoch vorwiegend gefühlsbestimmt, liebt die Häuslichkeit und zieht sich rasch in seine Schale zurück, wenn man ihn seelisch verletzt; für das vielfältige Kontaktbedürfnis des Zwillings hat er kein Verständnis. Der nüchterne, direkte, verstandesorientierte Zwilling tut sich schwer damit, dem Partner die seelischen »Streicheleinheiten« zukommen zu lassen, deren dieser bedarf. Da beide nicht auf der gleichen Wellenlänge liegen und die Welt mit ganz anderen Augen sehen, sind viele Missverständnisse möglich, die zu Spannungen führen und die Partnerschaft belastet. Eine dauerhafte Beziehung setzt voraus, dass der Krebs dem Partner den für diesen notwendigen Freiraum lässt und der Zwilling auf die Verletzlichkeit des Krebses Rücksicht nimmt und imstande ist, dessen Stimmungsschwankungen aufzufangen. Manche Reibereien können vermieden werden, wenn gemeinsame Unternehmungen (z. B. Reisen) das Miteinander zusätzlich festigen.

Krebs mit Krebs

Wenn zwei Krebse zueinander finden und sich binden, wird ihr gemeinsamer Traum von häuslicher Geborgenheit höchstwahrscheinlich Wirklichkeit werden. Da sie auf der gleichen Wellenlänge fühlen und denken, ist die Gefahr geringer, dass sie sich gegenseitig wundscheuern, als dies mit Partnern eines anderen Tierkreiszeichens der Fall ist. Kaum Probleme gibt es, solange beide ihre Fürsorglichkeit auf ein gemeinsames Ziel außerhalb der Zweierbeziehung lenken. Wenn sie jedoch anfangen, sich gegenseitig übermäßig zu bemuttern, besteht die Möglichkeit einer überstarken Fixierung mit der Gefahr, dass die unterschiedlichen Rhythmen der Gefühlslagen zu einer zeitweiligen Entfremdung führen, auf die beide ihrer Anlage gemäß mit Rückzug und

Abkapselung reagieren. Krebse sind leicht verletzlich und in ihrer starken Ichbezogenheit selten objektiv. Deshalb kann es bei einem unbedachten Wort oder einer falschen Geste rasch zu Spannungen kommen. Da keiner sonderlich kompromissbereit ist und die rasche Bereinigung von Problemen nicht Sache des Krebses ist, entwickelt sich daraus nicht selten ein »kalter Krieg«, der die Atmosphäre vergiftet und schließlich zum Bruch führen kann. In solchen Situationen wäre es gut, wenn ein einfühlsamer, aber vernunftsorientierter Dritter vermittelnd eingreifen könnte. Mit Rücksichtnahme und Bedacht wird jedoch eine Krebs-Krebs-Verbindung beglückend und dauerhaft sein.

Krebs mit Löwe

Die Vertreter dieser beiden Sonnenzeichen sind wesensmäßig sehr verschieden, aber gerade deshalb können sie sich nicht nur im praktischen Leben, sondern auch geistig und seelisch in mancher Hinsicht ausgezeichnet ergänzen. Die Gemeinschaft mit dem selbstsicheren, ichbewussten Löwen verhilft dem eher schüchternen und labilen Krebs zu innerer Festigkeit, während der von Natur aus nicht sonderlich tiefgründige Löwe in der Verbindung häufig eine überraschende Sensibilität und Einfühlsamkeit entwickelt. Gemeinsam ist beiden die Liebe der gepflegten Häuslichkeit. Im tagtäglichen Miteinander wird allerdings die Geduld des Löwen häufig durch die Unentschlossenheit und die schwankenden Stimmungen des Partners strapaziert, und wenn dieser sich in seine Schale zurückzieht, weiß der extravertierte Löwe wenig mit ihm anzufangen. Andererseits kann das Verlangen des Löwen, stets im Mittelpunkt zu stehen und bewundert zu werden, dem Krebs ungemein auf die Nerven gehen. Eine enge Bindung bringt also mancherlei Schwierigkeiten mit sich, weil dann die Wesensgegensätze viele Reibungsflächen bieten. Manches kann allerdings durch die häufig tiefe erotische Bindung überbrückt werden, die sich aus der Gefühlswärme des Krebses und der Leidenschaftlichkeit des Löwen ergibt. Freilich sind in jedem Fall Verständnisbereitschaft und ein Eingehen auf die Eigenheiten des anderen Voraussetzung für eine dauerhafte Partnerschaft.

Krebs mit Jungfrau

Dem empfindsamen, gefühlsbestimmten Krebs liegt die kritische, kühl wirkende, verstandesorientierte Jungfrau beim ersten Kontakt in der Regel nur wenig. Dennoch haben beide mehr gemeinsam, als man zunächst annehmen möchte: Beide sind vorsichtig und zurückhaltend, sparsam und auf Bewahren bedacht. Beiden liegt wenig an unverbindlichen Flirts, sie suchen Stabilität und Geborgenheit; wer ihnen dies bietet, kann ihrer unverbrüchlichen Treue und ihrer liebevollen Sorge sicher sein. Wenn also beide sich erst einmal näher kennengelernt haben, erkennen sie viele übereinstimmende Wesenszüge und sehen, dass sie sich in manchem glücklich ergänzen. So sorgt in einer Partnerschaft die Jungfrau für die gründliche, wohldurchdachte Planung und die materielle Absicherung, während der Krebs mit seinem intuitiven Gespür Möglichkeiten erkennt, die dem scharfen Verstand der Jungfrau verborgen bleiben. In einer engen Zweierbeziehung schafft der Krebs die häusliche Geborgenheit, in der beide sich wohl fühlen. Reibereien sind freilich nicht ausgeschlossen, so etwa, wenn der Krebs an einen jener überkritischen, ewig herumnörgelnden Partner geraten ist, die es unter dem Zeichen der Jungfrau gibt, oder wenn die Jungfrau sich einen allzu gefühlsseligen, mimosenhaft empfindlichen Krebs geangelt hat. In der Regel aber verstehen sich die Vertreter der beiden Tierkreiszeichen nach dem Gewöhnungsprozess sehr gut.

Krebs mit Waage

Von der charmanten, umgänglichen Waage fühlt sich der gefühlstiefe, verhaltene Krebs stark angesprochen, und da beide auf erotischem Gebiet meist sehr gut harmonieren, kommt es häufig verhältnismäßig rasch zu einer Bindung. Ob diese allerdings von Dauer ist, hängt weitgehend davon ab, wie gut es ihnen gelingt, sich aufeinander einzustellen, denn in ihrem Wesen sind sie recht verschieden, und das kann zu vielerlei Reibungen und Schwierigkeiten im täglichen Miteinander führen. So kann die Kontaktfreudigkeit der Waage im besitzergreifenden Krebs nagende Eifersucht wecken, während die Gefühlsschwankungen des Krebses dem ausgeglichenen Waage-Partner stark auf die Nerven gehen. Beide bringen wenig Geduld auf und sind leicht beleidigt, und da keiner gern nachgeben will, kann es zu heftigen Auseinandersetzungen kommen. Wenn eine Partnerschaft harmonisch und von Dauer sein soll, muss sich der Krebs bemühen, seinen Ausschließlichkeitsanspruch aufzugeben und die nach außen gerichteten Interessen des Partners zu teilen, während dieser auf die Empfindsamkeit des Krebses Rücksicht nehmen und stärker auf die Pflege der Zweisamkeit bedacht sein muss. Der Krebs lebt gleichsam nach innen, die Waage hingegen nach außen; um einen gemeinsamen Nenner zu finden, müssen beide etliche Abstriche machen und aufeinander zugehen. Nur wenn sie dazu bereit und fähig sind, ist ein beglückendes und dauerhaftes Miteinander möglich.

Krebs mit Skorpion

In der Verträglichkeitsskala steht der Skorpion beim Krebs ganz oben, denn beide stimmen einerseits in vielen Wesenszügen überein und ergänzen sich andererseits dort, wo eine gegensätzliche Prägung der Anlagen vorhanden ist. Bindungen zwischen Vertretern dieser beiden Tierkreiszeichen beruhen häufig auf einer starken erotischen Anziehung, die durch die Gefühlswärme des Krebses und die Leidenschaftlichkeit des Skorpions lebendig erhalten wird. Da beide stark introvertiert sind, vermögen sie sich gut auf die Zweisamkeit zu konzentrieren und sind auf Einflüsse und Anstöße von außen kaum angewiesen. Unterschiedliche Wesenszüge ergänzen sich vorzüglich: Der zielstrebige, auf Klarheit und Ordnung bedachte Skorpion gibt dem schwankenden, stark von Stimmungen abhängigen Krebs Sicherheit und stabilisiert sein labiles Innenleben; dem nach Hinwendung verlangenden Skorpion tut es gut, vom häuslichen Krebs umsorgt zu werden. Beide schätzen eine kultivierte Häuslichkeit, die sie gern gleichgesinnten Gästen vorführen. Gestört werden kann die Harmonie allerdings durch die beidseits leicht keimende Eifersucht, die beim Skorpion noch schlimmer sein kann als beim Krebs: Wer sich an ihn bindet, muss bereit sein, sich ihm mit Haut und Haar zu verschreiben. In der Regel freilich gehören Krebs-Skorpion-Verbindungen zu den dauerhaftesten, die es gibt, denn zur starken erotischen Bindung kommen viele andere Gemeinsamkeiten im Denken und Fühlen, aber auch im praktischen Leben.

Krebs mit Schütze

Obwohl Vertreter dieser beiden Tierkreiszeichen in vielem völlig gegensätzlich veranlagt sind und dementsprechend der Schütze in der Verträglichkeit beim Krebs ganz unten steht, gibt es doch erstaunlich viele Verbindungen zwischen Menschen der beiden Zeichen. Der feinfühlige Krebs spürt, dass der extravertierte Schütze durchaus tiefer, echter Gefühle fähig ist; dessen offene, unverklemmte Art spricht ihn stark an. Den tatenfreudigen Schützen wiederum reizt es, den verhaltenen Partner aus seiner Krebsschale herauszulocken, ihm neue Horizonte zu eröffnen und ihm etwas vom eigenen Schwung mitzuteilen. So vermag die Gegensätzlichkeit eine starke Anziehungskraft auszuüben. In einer engen Zweierbeziehung sind freilich mancherlei Spannungen und Auseinandersetzungen vorprogrammiert: Der Schütze braucht die Selbstbestätigung durch vielerlei Kontakte und Flirts, die die Eifersucht des Partners wecken, und es fällt ihm schwer, den auf einem Sicherheitsbedürfnis beruhenden Ausschließlichkeitsanspruch des Krebses zu akzeptieren. Beide Partner müssen sich um viel Verständnis füreinander bemühen und aufeinander zugehen, was durch gemeinsame Unternehmungen, beispielsweise durch die von beiden geschätzten Reisen, gefördert werden kann. Viel ist gewonnen, wenn der Krebsgeborene seine instinktive Kontaktscheu überwinden lernt und die Partner sich einen beiden genehmen Bekannten- und Freundeskreis aufbauen.

Krebs mit Steinbock

Oft fühlt sich der seelenvolle, labile, weiche Krebs von einem selbstsicheren, disziplinierten, nach außen hart wirkenden Steinbock fast magisch angezogen, glaubt er doch, bei ihm den Halt und Stabilität zu finden, die ihm fehlen. Dem Steinbock seinerseits tut die menschliche Wärme gut, die der Krebs ihm entgegenbringt. In einer lockeren Bindung kann diese gegenseitige Faszination lange anhalten. Wenn beide jedoch erst einmal in einer engen Zweisamkeit verbunden sind, können die Wesensgegensätze hart aufeinanderprallen und die Partnerschaft stark belasten: Häufig sieht dann der Krebs im fleißigen, methodischen Steinbock nur noch einen langweiligen Streber, und den Steinbock stören die Sentimentalität, Launenhaftigkeit und vermeintliche Untüchtigkeit und Unbeweglichkeit des Partners. Dennoch muss die Verbindung an den Differenzen nicht zerbrechen, denn wenn sich beide erst einmal gebunden haben, bleiben sie trotz Reibereien zusammen, weil der verantwortungsbewusste Steinbock die Treue hält und auch bei Problemen zum einmal gegebenen Wort steht, während der sich nach Zuwendung sehnende Krebs durch die überraschend tiefe Leidenschaftlichkeit des Partners gefesselt wird, die ihn für vieles entschädigt, das ihm gegen den Strich geht. Krebs-Steinbock-Verbindungen sind zwar nicht konfliktfrei, aber dennoch in der Regel beglückend und von Dauer.

Krebs mit Wassermann

Freundschaften und unverbindliche Flirts sind zwischen den Vertretern dieser beiden Tierkreiszeichen sehr viel häufiger als feste, dauerhafte Zweierbindungen. Das hat seine guten Gründe. Zwar übt die Andersartigkeit zunächst ein starke Anziehungskraft aus, und auf intellektueller Ebene verstehen sie sich vorzüglich. Sobald sie aber eine enge Partnerschaft eingegangen sind, wirken sich die ausgeprägten Wesensgegensätze und die völlig verschiedenen Einstellungen zur Mitwelt häufig negativ aus. Jetzt fühlt sich der freiheitsliebende Wassermann vom besitzergreifenden Krebs eingeengt und gegängelt, während den Krebs die ewige Besserwisserei und die utopischen Höhenflüge des Partners ebenso stören wie dessen vielfältige Hinwendung zur Umwelt. Für die dem Krebs so wichtige geborgene, gemütliche Häuslichkeit hat der Wassermann nur wenig übrig, denn er braucht zahlreiche Kontakte zur Außenwelt, die ihm Anregungen vermitteln. Reibungsflächen gibt es mehr als genug. Eine Krebs-Wassermann-Partnerschaft geht daher auf Dauer nur dann gut, wenn gemeinsame Aufgaben und Ziele die Gegensätze überbrücken helfen und den Nutzen deutlich machen, den die Gemeinschaft beiden bringt. Unabdingbar ist, dass beide aufeinander zugehen, sich um Verständnis für die Eigenart des Partners bemühen und zu Konzessionen und zu Abstrichen von den eigenen Vorstellungen und Wünschen bereit und fähig sind.

Krebs mit Fische

Fische-Geborene stehen in der Verträglichkeitsskala beim Krebs ganz oben, denn beide haben sehr viel gemeinsam: Sie legen mehr Wert auf Geborgenheit und eine ruhige, zufriedene Häuslichkeit als auf materiellen Gewinn, Geld und Ruhm. Beide sind gefühlsbetont, seelenvoll und weich und haben eine stark entwickelte Fantasie, die ihnen ein reiches Innenleben beschert. Diesen Gleichklang der Seelen spüren sie schon bei der ersten Begegnung. Dazu kommt, dass sie sich oft auch körperlich stark zueinander hingezogen fühlen. All das sind gute Voraussetzungen für eine harmonische Zweisamkeit auf lange Zeit, in der freilich etliche Gefahren lauern. So kann sowohl die Launenhaftigkeit des Krebses als auch dessen Hang zu übertriebenem Pessimismus die Verbindung belasten; eine weitere Belastung ist die bei beiden Partnern vorhandene Neigung, sich immer wieder in eine Wunsch- und Traumwelt zu flüchten und dabei den anderen zu vernachlässigen. Immerhin sind auch diese Tendenzen bei beiden gleichgerichtet, so dass sie viel Verständnis füreinander aufbringen können; einfühlsam und rücksichtsvoll sind sie beide. Größere Krisen sind in einer Krebs-Fische-Partnerschaft verhältnismäßig selten. In praktischen Dingen empfiehlt sich folgende Rollenverteilung: Der in Gelddingen vernünftigere Krebs-Partner sollte die Haushaltskasse verwalten und darauf achten, dass sein Fisch bei Schwierigkeiten nicht zur Flasche greift, während der Fische-Partner mit seinem feinem Gespür die Stimmungsschwankungen des Krebses abfangen und ausgleichen sollte.

Die Astrologen. Titelbild von 1596

Der Einfluss des Aszendenten

Der Aszendent, d. h. das Tierkreiszeichen, das im Augenblick der Geburt am östlichen Horizont steht, ist wegen seiner starken Prägekraft ungemein wichtig; zusammen mit dem Sonnenzeichen liefert er die bedeutsamsten Aussagen, die sich aus einem Geburtshoroskop ableiten lassen. Ohne Berücksichtigung des Aszendenten sind individuelle Deutungen nur unvollkommen.

Um Ihren persönlichen Aszendenten ermitteln zu können, müssen Sie natürlich wissen, zu welcher Zeit Sie geboren sind, weil im Laufe eines Tages alle zwölf Tierkreiszeichen am Osthorizont aufgehen. In dem Kapitel »Mein persönlicher Aszendent« können Sie nachlesen, wie Sie Ihre Geburtszeit in Ortszeit umrechnen. Dann brauchen Sie nur noch auf der Grafik Ihres persönlichen Geburtsdatums bei der ermittelten Zeit Ihren Aszendenten abzulesen.

Der Aszendent ist die Grundlage von Aussagen, die individueller sind als die nur aus dem Sonnenstand abgeleiteten, denn während das Sonnenzeichen Krebs allen Menschen gemeinsam ist, die zwischen Ende Juni und Ende Juli geboren sind, wird der Aszendent durch den Zeitpunkt und den Ort der Geburt jedes einzelnen bestimmt. Seine volle Bedeutung gewinnt er freilich erst bei gradgenauer Festlegung als Richtpunkt jenes Häusersystems, das als »Feinraster« für alle Gestirnstände und Konstellationen des Geburtshoroskops ganz persönliche Deutungsmöglichkeiten bietet. Die hierfür erforderlichen Berechnungen und die daraus abzuleitenden Aussagen müssen wir allerdings dem Fachastrologen überlassen.

Der Aszendent beeinflusst die Prägung durch das Sonnenzeichen mehr oder weniger stark, kann bestimmte Tendenzen verstärken oder abschwächen. Inwieweit dies bei Ihnen der Fall ist, können Sie in diesem Kapitel nachlesen.

Aszendent Widder

Vorsichtige Verhaltenheit bestimmt Ihr Empfinden, Denken und Handeln, das weit mehr vom Gefühl als vom Verstand gesteuert wird. Trotz einer starken Ichbezogenheit lassen Sie die Interessen der Mitmenschen nicht außer Bedacht, denn das Gerechtigkeitsgefühl ist bei Ihnen sehr ausgeprägt. Sie sind eher reaktiv als aktiv, doch fehlt es Ihnen nicht an Dynamik und geistiger Aufgeschlossenheit, und so wenden Sie sich trotz einer Tendenz zur zeitweisen Abkapselung immer wieder der Umwelt zu, nehmen Anteil und sind mit Ihrem intuitiven Gespür der Einfühlung in andere fähig. Ihre nervliche Belastbarkeit ist begrenzt, so dass Sie in Stresssituationen leicht die Fassung verlieren. Da Sie von mancherlei Einflüssen abhängig sind, fällt es Ihnen schwer, Ihre Stimmungslagen unter Kontrolle zu behalten; Sie sind starken Schwankungen unterworfen, die von wirklichkeitsfremdem, auf Wunschdenken beruhendem Optimismus bis zu finster brütendem Pessimismus pendeln können, ohne dass dafür konkrete äußere Anlässe vorliegen müssen. Die Begrenztheit Ihres

Energiepotenzials gleichen Sie durch Ausdauer aus, doch auch in Ihrer Leistungsbereitschaft sind Sie nicht sonderlich stabil. Auf Unabhängigkeit legen sie großen Wert, Gängelung und Bevormundung lehnen Sie entschieden ab. Ihnen nahestehenden Menschen wenden Sie sich mit großer Fürsorge und intensivem Gefühl zu, doch ansonsten halten Sie mit Gefühlsäußerungen eher zurück, auch wenn Sie im zwischenmenschlichen Umgang in der Regel freundlich und verbindlich sind, sich stets hilfsbereit zeigen und in Freundschaften sehr treu und anhänglich, opferwillig und gefühlsstark, wenngleich nicht unbedingt verlässlich und problemlos sind.

Aszendent Stier

Durch den Einfluss dieses Aszendenten verstärken sich Introvertiertheit und Ichbezogenheit, doch andererseits gewinnen Sie an Stabilität und Ausgewogenheit. Zwar bleiben Sie weiterhin von Gefühlen und Stimmungen abhängig, aber diese sind konstanter, und zudem wird Ihr Handeln durch eine stärkere Zielstrebigkeit bestimmt, die es Ihnen vor allem in materieller Hinsicht erleichtert, die erstrebte Absicherung und Geborgenheit zu erreichen. Ein angenehmes Zuhause steht im Mittelpunkt Ihres Interesses, an gepflegter Gastlichkeit haben Sie Ihre Freude. Für die schönen Seiten des Lebens sind Sie sehr aufgeschlossen, aber dazu gehören für Sie außer kulinarischen Freuden und anderen leiblichen Annehmlichkeiten auch Bereiche, die Ihnen seelischen Auftrieb geben, so Kunst und Musik. Sehr tatenfreudig sind Sie nicht; nur selten ergreifen Sie von sich aus Initiativen, denn vorsichtiges Abwarten gehört zu den Verhaltensweisen, mit denen Sie Ihren Mangel an Wendigkeit ausgleichen und sich vor Überrumpelungen schützen, auf die angemessen zu reagieren Ihnen meist schwer fällt. Was anderen ihr scharfer Verstand ist, ist Ihnen Ihr intuitives Gespür, mit dem sie Sachverhalte oft präziser und auch schneller erfassen, als analytisches Denken dies vermag. Zähe Ausdauer ermöglicht Ihnen einen nachhaltigen Einsatz Ihres Energiepotenzials, das größer ist als beim »reinen«

Krebs. Nach außen geben Sie sich verhalten, aber freundlich und anteilnehmend. In engen Bindungen sind Sie allerdings oft übermäßig besitzergreifend und ungemein eifersüchtig, was nicht jeder Partner verträgt. Dafür sind Sie aber sehr fürsorglich, opferbereit, treu und auf einen schönen, gepflegten materiellen Rahmen bedacht. Sie sind zwar recht eigenwillig, aber keineswegs sehr selbstsicher, Fehlschläge und Enttäuschungen kratzen Ihr Selbstwertgefühl ziemlich stark an. Auseinandersetzungen weichen Sie nicht aus, doch liegt Ihnen diplomatisches Taktieren mehr als ein bloßes Kräftemessen. Freilich sollte Ihr Gegenspieler dies nicht missdeuten, denn Ihre Kompromissbereitschaft ist begrenzt, und notfalls sind Sie durchaus bereit und fähig, Ihre Interessen entschlossen zu verteidigen.

Aszendent Zwillinge

Der Einfluss dieses Aszendenten auf Ihre Grundprägung ist zweischneidig. Auf der einen Seite gibt er Ihnen mehr Aufgeschlossenheit, Dynamik und geistige Wendigkeit, was durchaus positiv ist, doch auf der anderen Seite verstärkt er Ihre Labilität und Beeinflussbarkeit, so dass bei Ihnen Nervosität und Reizbarkeit gesteigert werden und Ihre Gefühle und Stimmungen noch stärkeren Schwankungen unterworfen sind. Fehlschläge und Anfeindungen machen Ihnen sehr zu schaffen und verunsichern Sie stark; Sie neigen zu Selbstzweifeln und verkriechen sich dann schnell in Ihr »Krebsgehäuse«, um sich mit fantasievollen Wunschträumen zu trösten. Konkret bringt Ihnen das natürlich nicht das Mindeste ein, und ob Sie dadurch Ihr Selbstwertgefühl stärken können, ist mehr als fraglich. Ein nagendes Gefühl innerer Unzufriedenheit kann Ihren Berufsweg erschweren; Sie haben wenig Geduld, und wenn Hindernisse und Schwierigkeiten auftauchen, geben Sie vorschnell auf. Häufige berufliche Wechsel sind wahrscheinlich, wodurch sich Ihre innere Verunsicherung noch mehr aufschaukeln kann. Konzentriertes Arbeiten liegt Ihnen wenig: wenn eine Tätigkeit Sie nicht »anspricht« (und das vollzieht sich praktisch immer auf der Gefühlsebene), entwickeln Sie wenig Ausdauer und

Gewissenhaftigkeit. Zwischenmenschliche Beziehungen können durch Ihre Launenhaftigkeit und Ihre Neigung zur Abkapselung problematisch sein, obwohl Sie grundsätzlich freundlich, teilnahmsvoll, einfühlsam und gefühlsstark sind. Wenn Sie sich an einen Partner gebunden haben, sind Sie sehr fürsorglich und treu, aber auch besitzergreifend und eifersüchtig.

Aszendent Krebs

Wenn Sonne und Aszendent sich zum Zeitpunkt der Geburt im gleichen Tierkreiszeichen befinden, wird dessen Prägekraft im Positiven wie im Negativen verstärkt. Sie sind ungemein gefühlsstark, doch davon spürt die Außenwelt fast nichts, denn Sie schotten Ihr Inneres weitgehend ab, geben sich sehr verhalten und wirken deshalb nicht selten kalt, unsicher und schüchtern. Unsicher können Sie in der Tat sein, denn Ihre starke Gefühlsabhängigkeit bewirkt eine ausgeprägte seelische Labilität, weil Ihre Gefühle durch wechselnde äußere Einflüsse ebenso gesteuert werden wie durch Ihre Hoffnungen und Ängste. Ihre beste »Antenne« nach außen ist Ihr intuitives Gespür, das durch eine dünnhäutige Sensibilität geschärft wird. Damit können Sie vieles aufspüren, was dem analytischen Verstand verborgen bleibt, können untergründige Strömungen erahnen, sich aber auch in andere Menschen einfühlen. Ihre Gefühlsabhängigkeit macht Sie sehr verletzlich; Anfeindungen, Enttäuschungen und Fehlschläge verkraften Sie nur schwer. In solchen Fällen ziehen Sie sich in Ihr »Krebsgehäuse« zurück, wo Ihnen Ihre reiche Fantasie eine schönere und glücklichere Welt ausmalt. Sie müssen einsehen lernen, dass Sie damit im realen Leben nicht das Mindeste erreichen, müssen lernen, sich der Wirklichkeit zu stellen. Voraussetzung dafür ist, dass Sie sich um mehr innere Ausgewogenheit bemühen, so dass Sie standfester und belastbarer werden. Bemühen Sie sich gleichzeitig um eine stärkere Öffnung zur Außenwelt, damit Menschen, die es gut mit Ihnen meinen, Verständnis für Ihre Problematik gewinnen und Ihnen zu mehr Selbstsicherheit verhelfen können.

Aszendent Löwe

Der Einfluss dieses Aszendenten wirkt sich insgesamt auf Sie sehr günstig aus, weil er positive Eigenschaften verstärkt und negative abschwächt. Dadurch werden Sie wirklichkeitsbezogener, energischer, zielstrebiger, wendiger und offener, was Ihnen sowohl menschlich als auch beruflich sehr zugute kommt. Gesteigerter Ehrgeiz kurbelt Ihre Willenskräfte an, die Abhängigkeit von Gefühls- und Stimmungsschwankungen wird gedämpft, und stabilisiert wird dadurch gleichzeitig Ihr gesamtes Seelenleben. Zwar werden Sie keineswegs zum abenteuerlustigen, bedenkenlosen Draufgänger, denn dem steht Ihre Grundprägung entgegen, aber merklich gestärkt sind Ihr Selbstbewusstsein und Ihr Selbstwertgefühl. Sie lassen sich weniger leicht verunsichern oder gar aus der Bahn werfen, reagieren entschiedener und zielsicherer. Bei aller Tiefe Ihrer Gefühle und dem Reichtum Ihrer Fantasie sind Sie kein in Illusionen schwelgender lethargischer Träumer, sondern wissen recht genau, was Sie wollen, und Sie ermangeln weder der Kraft noch der Ausdauer, um gesetzte Ziele zu erreichen. Allerdings fehlt es Ihnen zum durchschlagenden materiellen Erfolg oft an Geschäftstüchtigkeit, doch müsste es Ihnen eigentlich mit der bei Ihnen gegebenen Kombination positiver Eigenschaften gelingen, im Laufe der Zeit die erstrebte finanzielle Absicherung zu erlangen. Nach außen geben Sie sich freundlich und verbindlich und überraschen nicht selten durch herzliche Anteilnahme; in engen Bindungen erheben Sie allerdings Ausschließlichkeitsansprüche, die den Freiraum des Partners stark einengen.

Aszendent Jungfrau

Der Einfluss dieses Aszendenten verstärkt auf der einen Seite Ihre Ichbezogenheit und Ihre Abkapselungstendenzen, macht Sie also noch verhaltener und vorsichtiger, doch auf der anderen Seite mindert er Ihre Abhängigkeit von Gefühlen und Stimmungen, weil der kritische Verstand stärker in den Vordergrund tritt und einen Großteil des Verhaltens kontrolliert. Da dieser Verstand mit einem intuitiven Gespür gepaart ist, bietet sich Ihnen ein breites Spektrum von Möglichkeiten, die Außenwelt zu erfassen und sich mit ihr auseinanderzusetzen. Vielleicht mangelnde Breite des Erlebens wird so durch gesteigerte Tiefe ausgeglichen. Schwieriger ist es für Sie, diese Vielfalt Ihrer Lebenswelt nach außen hin umzusetzen, denn Sie halten sich mit einem angeborenen Misstrauen stark zurück, gehen selten von sich aus auf die Außenwelt zu, haben mit einer gewissen Kontaktscheu zu kämpfen und vermeiden es fast krampfhaft, die Tiefen Ihrer Seele anderen Menschen zu offenbaren. Dennoch sind Sie keineswegs ein eigenbrötlerischer Einzelgänger, denn Ihr wacher Verstand hilft Ihnen, diese innere Sperre zu überwinden, und so sind Sie im zwischenmenschlichen Umgang freundlich, rücksichtsvoll, hilfsbereit und verbindlich. Die Abschwächung der Gefühlsabhängigkeit kommt Ihnen im praktischen Leben und besonders im Beruf sehr zugute. Sie sind ausgeglichener, wirklichkeitsbezogener und zielstrebiger, und mit Ihrer Kombination von Intuition und praktischem Denken sind Sie für rasche und treffsichere Problemlösungen geradezu prädestiniert. Auf Stabilität und Sicherheit bedacht, werden Sie sich ein tragfähiges Lebensfundament schaffen können.

Aszendent Waage

Obwohl stark gefühlsbestimmt und ichbezogen, schließen Sie sich doch keineswegs von der Außenwelt ab, denn Sie sind weniger passiv als der »reine« Krebs-Typ und haben kaum Kontaktscheu. Zwar lassen Sie andere nicht in die Tiefen Ihrer Seele blicken, aber Ihr wacher, aufnahmebereiter Verstand braucht Kontakte, die ihm neue Anregungen vermitteln, und möchte andererseits die Ideenfülle, die ihm Ihre reiche Fantasie liefert, nach außen tragen. Deshalb sind Sie in der Regel sehr umgänglich, gewinnen die Mitmenschen mit freundlichem Charme und interessanten Gesprächen und sind mit Ihrer warmherzigen Hilfsbereitschaft recht beliebt. Nach solchen Verbindungen streben Sie freilich auch, weil Sie stark von der Anerkennung durch die Umwelt und vom Beifall der Mitmenschen abhängig sind, denn Ihr Selbstwertgefühl steht auf schwachen Beinen und braucht immer wieder Ermunterungen von außen. Stark ausgeprägt ist Ihr Gerechtigkeitssinn, der Sie auf Harmonie und Ausgleich bedacht sein lässt. Spannungen versuchen Sie abzubauen, Auseinandersetzungen weichen Sie aus. Wenn Konfrontationen sich nicht vermeiden lassen, kämpfen Sie nicht mit harten Bandagen, sondern versuchen, durch diplomatisches Taktieren zu einem Ausgleich zu kommen, der beiden Seiten gerecht wird. Zwei Eigenschaften allerdings sind bei Ihnen Mangelware: Ausdauer und Geduld. Ursache ist Ihr verhältnismäßig niedriges Energiepotenzial, das sich rasch erschöpft. Nicht allzu robust ist auch Ihr Nervenkostüm, das unter Stress bald zusammenbricht. Das alles zusammen und Ihre Gefühlsabhängigkeit machen Sie seelisch ziemlich labil.

Aszendent Skorpion

Ausgesprochen kontaktwillig sind Sie nicht. Sorgfältig schotten Sie die Tiefen Ihrer Seele gegen fremde Neugier ab, zeigen nur selten Gefühle und sind auch sonst nicht sehr mitteilsam. Misstrauische Vorsicht und absichernde Verhaltenheit kennzeichnen die Art und Weise, mit der Sie der Umwelt gegenübertreten. Sie sind ungemein introvertiert und stark ichbezogen. Die Instabilität Ihrer reichen Gefühlswelt, die auch Ihr Denken und Handeln bestimmt, kann sich in Launenhaftigkeit und plötzlichen Stimmungsumschwüngen äußern. All das bedeutet jedoch keineswegs, dass Sie sich im praktischen Leben nicht behaupten können, denn Sie verfügen über ein beträchtliches Energiepotenzial, sind willensstark und können eine zähe Ausdauer aufbieten. Dennoch versuchen Sie selten, Ihre Interessen mit harten Ellenbogen rücksichtslos durchzuboxen, denn Sie sind bei aller Eigenwilligkeit durchaus kompromissfähig. Bei Schwierigkeiten geben Sie nicht vorschnell auf, vermeiden aber Konfrontationen ebenso wie einen aufreibenden Kleinkrieg. Stark beeinflussen lassen Sie sich durch Lob und Anerkennung; für Schmeicheleien sind Sie nicht unempfänglich, weil dies Ihrem nicht sonderlich starken Selbstwertgefühl guttut. In Sie gesetztes Vertrauen enttäuschen Sie nicht, Sie sind zuverlässig und verschwiegen. In einer engen Partnerschaft sind Sie zwar ungemein besitzergreifend und eifersüchtig, aber nicht minder fürsorglich und absolut treu. Einen Treuebruch verkraften Sie nur schwer; da Sie sehr nachtragend sind, können Ihre Rachegefühle, die sich manchmal in gezielten »Strafaktionen« äußern, den Verräter noch lange nach Ende der Beziehung verfolgen.

Aszendent Schütze

Durch den Einfluss dieses Aszendenten wird Ihr ganzes Wesen aufgelockert, die starke Abhängigkeit von Gefühlen und Stimmungen gemildert, da nun auch ein wacher Verstand Ihr Tun und Lassen mitbestimmt. Sie sind nicht nur offen für Eindrücke und Einflüsse aus der Umwelt, sondern treten auch Ihrerseits den Mitmenschen offener gegenüber, gehen mehr aus sich heraus, ohne freilich die Tiefen Ihrer Seele neugierigen Blicken preiszugeben. Zwar ist Ihr Energiepotenzial nur mäßig hoch, und sonderlich geduldig und ausdauernd sind Sie nicht, aber Sie scheuen sich nicht, von sich aus Initiativen zu ergreifen und Dinge in Bewegung zu bringen. Vorsichtige Überlegung und intuitiv »voraustastende« Planung bleiben jedoch stets Grundlagen Ihres Handelns, unkalkulierbare Risiken gehen Sie kaum je ein. Sie können allerdings recht launenhaft und unberechenbar sein, denn der Schütze-Einfluss stabilisiert nicht, sondern verstärkt die Labilität, die Ihnen Ihre Grundprägung gegeben hat. Das bedeutet eine gewisse Unzuverlässigkeit, die zwischenmenschliche Beziehungen belasten und sich im Berufsleben ungünstig auswirken kann. Immerhin verdanken Sie dem Aszendenten ein gesteigertes Selbstvertrauen, so dass Sie nur selten vorschnell klein beigeben und berechtigte Ansprüche entschieden verteidigen. Im Umgang mit den Mitmenschen geben Sie sich meist höflich bis herzlich, wenn auch ein wenig distanziert, aber in der Regel sind Sie geselliger als der »reine« Krebs-Typ. Immer jedoch sind Sie hilfsbereit und mitfühlend und setzen sich für Schwache und Benachteiligte entschieden ein. Ganz selbstlos tun Sie das allerdings nicht, denn Sie sind zur Stärkung Ihres Selbstwertgefühls auf Beifall und Anerkennung der Mitmenschen angewiesen.

Aszendent Steinbock

Sie sind ausgesprochen introvertiert, tragen das Herz nicht auf der Zunge, lassen sich nicht in die Karten schauen und schotten Ihre tiefe Gefühlswelt sorgfältig vor der Umwelt ab. Sie sind zwar meist ein kluger Kopf, aber in Ihrem Denken und Handeln sind Sie sehr stark gefühlsgeleitet. Dieser Gefühlsstärke verdanken Sie zwar eine ausgeprägte Sensibilität, die Ihnen intuitive Einsichten vermittelt, aber da Sie Ihre Gefühle nur schwer unter Kontrolle halten können, sind Sie Stimmungsschwankungen unterworfen, die zusammen mit Ihrer Verhaltenheit Sie sehr unberechenbar machen. Mitmenschen wissen häufig nicht, woran sie mit Ihnen sind, doch das macht Ihnen wenig aus, denn Sie gefallen sich in der Aura des Geheimnisvollen. Trotz Ihrer Labilität können Sie im Arbeitsleben recht erfolgreich sein, denn Sie verfügen über Energie, Ausdauer und einen starken Willen. Allerdings fehlt es Ihnen an Anpassungsfähigkeit und Wendigkeit; sonderlich kompromissfähig sind Sie selten. Auf Absicherung und Bewahren bedacht, gelingt Ihnen meist verhältnismäßig bald die Schaffung einer tragfähigen materiellen Lebensbasis. Der Wunsch nach Sicherung von Besitzständen macht Sie andererseits in zwischenmenschlichen Beziehungen problematisch, da Sie Ihnen nahestehende Menschen ebenfalls als Besitz sehen, den Sie eifersüchtig hüten und dadurch in seinen Freiräumen stark einengen. Für diesen Freiheitsentzug belohnen Sie ihn allerdings mit treuer Sorge und intensiver Zuwendung und offenbaren ihm Ihre warme, tiefe Gefühlswelt, die zu großer Leidenschaftlichkeit auflodern kann, wenn sie vom richtigen Partner entfacht wird.

Aszendent Wassermann

Einerseits kann der Einfluss dieses Aszendenten Ihren Fantasiereichtum und Ihre Realitätsfluchttendenzen steigern, doch andererseits mildert er Ihre Abhängigkeit von schwankenden Gefühlen und Launen, weil ein wacher Verstand Ihr Handeln mitbestimmt. Vertieft wird Ihr Einfühlungsvermögen, geschärft Ihre Intuition. Sie sind ein Mensch mit außergewöhnlich viel »Fingerspitzengefühl«, der manches erspürt, das dem analytischen Verstand verschlossen bleibt. Nach außen hin sind Sie freundlich und verbindlich, wirken aber häufig unterkühlt und misstrauisch verhalten. Zwar sind Sie stark ichbezogen, aber keineswegs ein eigenbrötlerischer Egoist, denn Sie nehmen Anteil an dem, was um Sie herum vor sich geht, haben sogar eine ausgesprochen »soziale Ader«, interessieren sich für karitative Hilfeleistungen und treten entschieden für Gerechtigkeit gegen alle ein. Im praktischen Leben machen Ihnen manchmal Ihre begrenzten Energiereserven und Ihr Mangel an zäher Ausdauer zu schaffen. Andererseits sind Sie risikobereiter als der »reine« Krebs-Typ. Das ist nicht unbedenklich, weil Sie sich bei manchen Unternehmungen von einem utopischen Wunschdenken leiten lassen. In der Regel sind Sie recht willensstark, verharren jedoch nicht stur auf einmal eingenommenen Standpunkten, sondern sind zu vernünftigen Kompromissen bereit, die die Interessen beider Seiten wahren. In einer Partnerschaft sind Sie sehr auf Harmonie und Dauer der Bindung bedacht. Zwar fällt es Ihnen häufig schwer, eine solide materielle Basis zu sichern, aber an fürsorglicher Zuwendung, warmer Herzlichkeit und schöner Häuslichkeit lassen Sie es dem Partner nicht fehlen.

Aszendent Fische

Sie sind sehr nach innen gewandt und entsprechend ichbezogen. Gefühle spielen in Ihrem Leben eine dominierende Rolle, sie bestimmen weitgehend Ihr Denken und Handeln. Da Sie Ihre überreiche Gefühlswelt nur schwer unter Kontrolle halten können, sind Stimmungsschwankungen bei Ihnen häufig, die Sie launenhaft, unberechenbar und unzuverlässig erscheinen lassen. Sie leiden selbst darunter, weil die Labilität Ihr Selbstwertgefühl schwächt und Sie sehr dünnhäutig macht. Ihre Nerven sind wenig belastbar; wenn sie übermäßig strapaziert werden, kann ein völliger Zusammenbruch die Folge sein. Dennoch sind Sie kein haltloser, völlig seinen Gefühlen ausgelieferter Mensch, denn meist sind Sie ein ausgesprochen kluger Kopf mit gesundem Menschenverstand, der mangelnde Energien durch wohlbedachtes Taktieren und fehlendes Durchsetzungsvermögen durch eine die eigenen Interessen wahrende Kompromissfähigkeit ersetzt. Der Außenwelt treten Sie mit vorsichtiger Zurückhaltung gegenüber, sind höflich und freundlich, aber nur selten herzlich. Oft wirken Sie weich und verträumt und wenig wirklichkeitsbezogen, doch sind Sie wacher, als man glaubt, können sich unaufdringlich in andere einfühlen und mit intuitivem Gespür unterschwellige Strömungen wahrnehmen, die anderen verborgen bleiben. Ihre große Hilfsbereitschaft wird nicht selten ausgenützt; Enttäuschungen, die Sie tief treffen, bleiben Ihnen nicht erspart. In einer Partnerschaft sind Sie sehr anlehnungsbedürftig und brauchen viel Verständnis und Rücksichtnahme. Gut wäre für Sie ein Weggefährte, der Ihnen mehr Selbstvertrauen, Stabilität und aufmunternde Zuversicht gibt.

II.
Meine Einbindung in das Universum

Mein chinesisches Horoskop

Die jahrtausendealte chinesische Astrologie arbeitet mit einem eigenständigen System, das eine direkte Bezugsetzung zur uns vertrauten Astrologie unmöglich macht. Nach chinesischer Auffassung bestimmen fünf Faktoren Wesenszüge, Fähigkeiten und Schicksal des Menschen: der Jahrestyp, die Jahreszeit, die Doppelwoche, der Tag und die Stunde der Geburt. Scit dem 6. vorchristlichen Jahrhundert wird jedes Jahr einem von zwölf Tiersymbolen zugeordnet, so dass es zwölf verschiedene Jahrestypen gibt. Vom Jahrestyp hängen Wesens- und Gemütsart eines Menschen ab. Ohne Entsprechung im Abendland ist das auf die Gefühlswelt bezogene System der Jahreszeiten, von denen es fünf je einem Element zugeordnete Typen gibt. Auf Verhalten und Stellung innerhalb der Gemeinschaft bezieht sich das System der 24 Doppelwochen. Die Gefühlswelt wird außer durch die Jahreszeit auch durch den Geburtstag bestimmt; die in den chinesischen Stundenkreis der Tiere eingeordnete Geburtsstunde schließlich prägt das leib-seelische Erscheinungsbild des Menschen.

Obwohl der chinesische »Tierkreis« eine Zwölfteilung aufweist, gibt es doch keine vollständige Übereinstimmung, sondern lediglich Entsprechungen. Anhand der Jahrestabelle können Sie Ihren Jahrestyp feststellen und die entsprechende Charakteristik in unserer Übersicht nachlesen. Über die kosmische Prägung durch Jahreszeit und Doppelwoche Ihrer Geburt informieren wir Sie im Anschluss.

18. 2. 1912 - 5. 2. 1913	Ratte	5. 2. 1962 - 25. 1. 1963	Tiger
6. 2. 1913 - 25. 1. 1914	Ochse	26. 1. 1963 - 13. 2. 1964	Hase
26. 1. 1914 - 13. 2. 1915	Tiger	14. 2. 1964 - 1. 2. 1965	Drache
14. 2. 1915 - 3. 2. 1916	Hase	2. 2. 1965 - 21. 1. 1966	Schlange
4. 2. 1916 - 22. 1. 1917	Drache	22. 1. 1966 - 8. 2. 1967	Pferd
23. 1. 1917 - 10. 2. 1918	Schlange	9. 2. 1967 - 29. 1. 1968	Ziege
11. 2. 1918 - 31. 1. 1919	Pferd	30. 1. 1968 - 16. 2. 1969	Affe
1. 2. 1919 - 20. 1. 1920	Ziege	17. 2. 1969 - 5. 2. 1970	Hahn
21. 1. 1920 - 7. 2. 1921	Affe	6. 2. 1970 - 26. 1. 1971	Hund
8. 2. 1921 - 6. 2. 1922	Hahn	27. 1. 1971 - 18. 2. 1972	Schwein
7. 2. 1922 - 14. 2. 1923	Hund	19. 2. 1972 - 2. 2. 1973	Ratte
15. 2. 1923 - 4. 2. 1924	Schwein	3. 2. 1973 - 23. 1. 1974	Ochse
5. 2. 1924 - 24. 1. 1925	Ratte	24. 1. 1974 - 10. 2. 1975	Tiger
25. 1. 1925 - 12. 2. 1926	Ochse	11. 2. 1975 - 30. 1. 1976	Hase
13. 2. 1926 - 1. 2. 1927	Tiger	31. 1. 1976 - 17. 2. 1977	Drache
2. 2. 1927 - 22. 1. 1928	Hase	18. 2. 1977 - 7. 2. 1978	Schlange
23. 1. 1928 - 9. 2. 1929	Drache	8. 2. 1978 - 27. 1. 1979	Pferd
10. 2. 1929 - 29. 1. 1930	Schlange	28. 1. 1979 - 15. 2. 1980	Ziege
30. 1. 1930 - 17. 2. 1931	Pferd	16. 2. 1980 - 4. 2. 1981	Affe
18. 2. 1931 - 6. 2. 1932	Ziege	5. 2. 1981 - 24. 1. 1982	Hahn
7. 2. 1932 - 25. 1. 1933	Affe	25. 1. 1982 - 12. 2. 1983	Hund
26. 1. 1933 - 13. 2. 1934	Hahn	13. 2. 1983 - 1. 2. 1984	Schwein
14. 2. 1934 - 3. 2. 1935	Hund	2. 2. 1984 - 19. 2. 1985	Ratte
4. 2. 1935 - 23. 1. 1936	Schwein	20. 2. 1985 - 8. 2. 1986	Ochse
24. 1. 1936 - 10. 2. 1937	Ratte	9. 2. 1986 - 28. 1. 1987	Tiger
11. 2. 1937 - 31. 1. 1938	Ochse	29. 1. 1987 - 16. 2. 1988	Hase
1. 2. 1938 - 18. 2. 1939	Tiger	17. 2. 1988 - 5. 2. 1989	Drache
19. 2. 1939 - 7. 2. 1940	Hase	6. 2. 1989 - 26. 1. 1990	Schlange
8. 2. 1940 - 26. 1. 1941	Drache	27. 1. 1990 - 14. 2. 1991	Pferd
27. 1. 1941 - 14. 2. 1942	Schlange	15. 2. 1991 - 3. 2. 1992	Ziege
15. 2. 1942 - 4. 2. 1943	Pferd	4. 2. 1992 - 21. 1. 1993	Affe
5. 2. 1943 - 25. 1. 1944	Ziege	22. 1. 1993 - 9. 2. 1994	Hahn
26. 1. 1944 - 12. 2. 1945	Affe	10. 2. 1994 - 30. 1. 1995	Hund
13. 2. 1945 - 1. 2. 1946	Hahn	31. 1. 1995 - 18. 2. 1996	Schwein
2. 2. 1946 - 21. 1. 1947	Hund	19. 2. 1996 - 6. 2. 1997	Ratte
22. 1. 1947 - 9. 2. 1948	Schwein	7. 2. 1997 - 27. 1. 1998	Ochse
10. 2. 1948 - 28. 1. 1949	Ratte	28. 1. 1998 - 15. 2. 1999	Tiger
29. 1. 1949 - 16. 2. 1950	Ochse	16. 2. 1999 - 4. 2. 2000	Hase
17. 2. 1950 - 5. 2. 1951	Tiger	5. 2. 2000 - 23. 1. 2001	Drache
6. 2. 1951 - 26. 1. 1952	Hase	24. 1. 2001 - 11. 2. 2002	Schlange
27. 1. 1952 - 13. 2. 1953	Drache	12. 2. 2002 - 31. 1. 2003	Pferd
14. 2. 1953 - 3. 2. 1954	Schlange	1. 2. 2003 - 21. 1. 2004	Ziege
4. 2. 1954 - 23. 1. 1955	Pferd	22. 2. 2004 - 8. 2. 2005	Affe
24. 1. 1955 - 11. 2. 1956	Ziege	9. 2. 2005 - 28. 1. 2006	Hahn
12. 2. 1956 - 30. 1. 1957	Affe	29. 1. 2006 - 17. 2. 2007	Hund
31. 1. 1957 - 18. 2. 1958	Hahn	18. 2. 2007 - 6. 2. 2008	Schwein
19. 2. 1958 - 7. 2. 1959	Hund	7. 2. 2008 - 25. 1. 2009	Ratte
18. 2. 1959 - 27. 1. 1960	Schwein	26. 1. 2009 - 13. 2. 2010	Ochse
28. 1. 1960 - 14. 2. 1961	Ratte	14. 2. 2010 - 2. 2. 2011	Tiger
15. 2. 1961 - 4. 2. 1962	Ochse	3. 2. 2011 - 22. 1. 2012	Hase

Ratte

Stürmisch bis unbedacht und voreilig, selbstbewusst bis arrogant, setzt sich gern in Szene, kann und weiß meist viel und lässt dies andere deutlich merken. Kann sich nur schwer unterordnen und bleibt oft eingefahrenen Gewohnheiten verhaftet. Ist zwar im Grund hilfsbereit, aber nur dann großzügig, wenn Lohn und Anerkennung winken. Kann in materiellen Dingen recht erfolgreich sein.

Ochse

Vital, tatkräftig, zielbewusst, meist auch vorausschauend und klug planend. Strebt idealistische Ziele an und setzt sich für deren Verwirklichung ein. Ist in seinem Gefühlsausdruck eher verhalten, obwohl er tiefe Gefühle hegt. Kann mit seinem robusten, rastlosen Tatendrang für seine Mitmenschen manchmal recht anstrengend sein.

Tiger

Ungemein unternehmungslustig, aber auch mit großer Ausdauer bei der Verfolgung von Zielen. Übertriebene Vehemenz kann zu Fehlschlägen führen. Mut kann zu Tollkühnheit übersteigert sein. Ausgeprägtes Selbstbewusstsein neigt zu Selbstüberschätzung und Egozentrik, die Rücksichtslosigkeit zur Folge haben kann. Gefühle sind meist heftig, aber auch unstabil.

Hase

Von manchmal schier unbändiger Energie und rastloser Aktivität. In der Regel für Kunst und Literatur begeistert. Kann trotz der fast beängstigenden Dynamik viel Geduld und Verständnis für andere aufbringen, ist im Grunde des Herzens sehr uneigennützig. Kann mit Hindernissen fertig werden, vor denen die meisten verzagen.

Drache

Unerschrocken, weicht weder Feinden noch Hemmnissen aus, da Mut, Vitalität und Kraft im Überfluss vorhanden sind. Gibt sich häufig schroff und abweisend und hat manchmal nur wenige gute Freunde, ist aber im Innersten ungemein sensibel und hat für die Nöte und Sorgen anderer ein offenes Ohr. Muss lernen, seine Energien zu lenken und sich zu Selbstbeherrschung und Mäßigung zu zwingen.

Schlange

Lebt die großen Energieströme in Aktivitäten aus, die meist von schöpferischem Planen gelenkt werden. Kann mit kreativer Fantasie vielfache Anstöße geben und neue Entwicklungen einleiten, ist aber nicht sonderlich ausdauernd bei der Verfolgung von Plänen, sobald das Tun zur Routine geworden ist und keine neuen Anregungen mehr gibt. Kann eine tiefe Gedanken- und Gefühlswelt haben.

Pferd

Kaum zu bändigender Tatendrang wird in einer Vielzahl von Aktivitäten ausgelebt, die manchmal überstürzt in Angriff genommen werden; bei Hindernissen und Schwierigkeiten erlischt das Interesse rasch, und schnell wird etwas Neues angefangen. Heftige Gefühlsausbrüche sind keine Seltenheit; ansonsten werden Gefühle eher zurückgehalten. Ungeduld kann gegen andere ungerecht und verletzend zum Ausdruck kommen.

Ziege

Gerechtigkeitsfanatiker, der zu Streitsucht und Heftigkeit neigt, aber nur selten Gewalt befürwortet oder anwendet und Konfliktsituationen eher durch passiven Widerstand zu bewältigen versucht. Setzt sich für andere und für Ideale als Kämpfernatur ein. Ist in der Regel kreativ und manchmal künstlerisch veranlagt.

Affe

Steckt voller Pläne, die häufig gleichzeitig in Angriff genommen werden, wobei in vielen Fällen ein eiserner Wille, gute Nerven, vorausschauende Planung und eine realistische Einschätzung der Gegebenheiten zum Erfolg führen. Sollte aber allzu große Zersplitterung und übermäßige Kräfteballungen vermeiden, um nicht sich selbst und anderen zu schaden. Kommt meist aus Schwierigkeiten gut heraus.

Hahn

Ungemein betriebsam und erfolgsorientiert, aber auch sehr ichbezogen, neigt zu Selbstsucht, Geschwätzigkeit und Launenhaftigkeit. Kann sich nur schwer unterordnen. Seine direkte Offenheit ist wohltuend, kann aber auch verletzen. Gewandtheit und schlagfertiger Witz machen ihn beliebt. Häufig von allen Aspekten der Natur fasziniert und sehr triebstark, aber in den Gefühlen nicht unbedingt konstant.

Hund

Energiegeladen und ungemein draufgängerisch, aber dabei nicht unbedingt planvoll und bedacht, lässt sich immer wieder zu blindem Losschlagen hinreißen. Setzt sich kämpferisch für Gerechtigkeit und andere Ideale ein, hat gern eine »Mission«, die er unbeugsam verfolgt. Muss jedoch unbedingt darauf achten, seine Unternehmungen besser zu planen und seine Kräfte nicht zu verzetteln.

Schwein

Voll kämpferischer Energie, aber mit wenig Ausdauer und Durchsetzungsvermögen. Setzt sich gern für andere ein, schätzt aber nicht selten Gegebenheiten falsch ein und neigt zu vorschnellen Urteilen und unbedachten Reaktionen. Kann künstlerisch vielfältig begabt sein, braucht aber in dieser Hinsicht meist die Hilfe anderer, um zu Anerkennung und Erfolg zu gelangen.

Die Jahreszeit

Sie sind in der Feuer-Jahreszeit geboren, die die Wochen vom 22. Juni bis zum 4. September umfasst. Das Element Feuer wird dem Sommer zugeordnet und ist mit dem Süden verbunden; verschwistert ist das Element mit Helligkeit, Wärme und Hitze, auf den Menschen bezogen mit Energie, Freude und Selbstvertrauen. Die Lieblingsfarbe des Feuer-Menschen ist Rot, seine Glückszahl die Sieben.

Wenn Sie niedergeschlagen, abgeschlafft oder seelisch krank sind, vermag Rot Ihnen neue Zuversicht und Spannkraft zu geben, und bei Erkrankungen des Körpers fördern Wärme und Sonnenlicht (je nach den Umständen auch medizinische Bestrahlungen) die Genesung. Am wohlsten fühlen Sie sich in einem Haus oder in Räumen, die nach Süden ausgerichtet sind; am erquickendsten ist Ihr Schlaf, wenn Sie mit dem Kopf nach Süden liegen. Wärmendes Sonnenlicht hilft Ihnen, sich geistig und seelisch zu entspannen.

Sie sind voller Tatkraft, meist optimistisch und haben ein gesundes Selbstvertrauen. Sie streben im Leben nach einem sicheren, tragfähigen Fundament, das Ihnen eine sinnvolle, befriedigende Gestaltung Ihres Daseins ermöglicht und von dem aus Sie auf Ihre Umwelt einwirken können. Gegen eine allzu starke Ichbezogenheit, zu der Sie neigen, sollten Sie ankämpfen und mehr auf Ihre Mitmenschen zugehen. Sie können viel für die Gemeinschaft tun, denn Sie verfügen nicht nur über ein großes Energiepotenzial, sondern können auch mit Umsicht und Weitblick organisieren und planen. Sie stehen gern im Mittelpunkt: Bemühen Sie sich also, für Ihre Mitwelt gleichsam zu einer Sonne zu werden, die anderen Wärme, Licht und Kraft schenkt. Feuer ist unendlich nützlich, kann aber auch verzehren und zerstören. Das gilt nicht nur für das Element Ihrer Jahreszeit, sondern auch für das Feuer, das in Ihnen brennt, für die großen Energien, die das Leben Ihnen mitgegeben hat.

Die 10. Doppelwoche

Sie sind in der zehnten chinesischen Doppelwoche geboren (der Neujahrstag der Chinesen fällt nicht mit dem unseren zusammen), die die Tage vom 22. Juni bis zum 6. Juli umfasst. Dies ist die Doppelwoche der Sommersonnenwende, die Ihre Anlagen in bestimmter Weise prägt.

Sie sind gefühlsbestimmt, verständnisvoll, anpassungsfähig und pflichtbewusst. In ihrem Planen und Handeln herrscht ein vorsichtiger Konservatismus vor; kühne Neuerungen und riskante Wagnisse liegen Ihnen nicht. Sie sind auf Sicherheit und Absicherung bedacht, wollen bewahren und beschützen. Wichtig ist für Sie das Gefühl, geachtet, gebraucht und geliebt zu sein. Sie öffnen sich den Sorgen und Nöten anderer, sind sehr hilfsbereit. Allerdings besteht die Gefahr, dass sie Enttäuschungen in zwischenmenschlichen Beziehungen erleben, weil man Sie ausnützt und hintergeht, denn Ihnen fehlt es an kritischem Scharfblick und nüchternem Urteilsvermögen. Sie sind kein Verstandesmensch, bauen manchmal zu sehr auf Gefühle oder vage Intuitionen. Materiell können Sie durchaus erfolgreich sein, weil Sie darauf achten, stets auf stabilen Grundlagen aufzubauen und Erreichtes sehr gut abzusichern. Sie können Geld zusammenhalten und so im Laufe der Zeit ein beruhigendes Polster schaffen. Allgemein liegen Ihnen Aufgaben am besten, bei denen nicht scharfes Denken und rasche Entschlüsse, sonder Einfühlung und Intuition gefragt sind. In Führungspositionen fühlen sie sich nur wohl, wenn Sie für einen sehr überschaubaren Bereich zuständig sind. Penible Kleinarbeit, bei der es auf Präzision ankommt, liegt Ihnen kaum. Gern wirken Sie im Interesse einer Gemeinschaft, setzen sich für andere Menschen ein. Sie brauchen zwischenmenschliche Kontakte, die Sie davor bewahren, in Ihrer eigenen, manchmal recht diffusen Gefühlswelt zu versinken und sich in eine Welt der Träume und Wunschvorstellungen zu flüchten.

Die 11. Doppelwoche

Sie sind in der elften chinesischen Doppelwoche geboren, die die Tage vom 7. Juli bis zum 22. Juli umfasst. Dies ist die Doppelwoche der kleinen Hitze, die Ihre Anlagen in verschiedener Weise prägt.

Sie sind traditionsverhaftet, auf Beständigkeit und Absicherung bedacht, gefühlsbetont, rücksichtsvoll und hilfsbereit. Sie sind nicht ohne Ehrgeiz, aber bei der Verfolgung materieller Ziele entwickeln Sie weder sonderlich viel Fleiß noch große Ausdauer. Zwar haben Sie gern ein bequemes finanzielles Polster, um sich wohl zu fühlen, und Sie sehen sich gern von Ihrer Umwelt anerkannt, aber allzuviel Mühe wollen Sie darauf nicht verwenden. Arbeit als Selbstzweck ist Ihnen fremd; sie muss Ihnen innere Befriedigung verschaffen und zu Ihrer Absicherung unerlässlich sein; ansonsten können Sie auch gut ohne Arbeit auskommen, denn Sie haben viele Interessen, die Ihre Zeit auf angenehmere Weise füllen können. Sie hängen am Vertrauten und Hergebrachten, aber verbohrt konservativ sind Sie nicht.

Zu Ihren Schwächen gehören mangelnde Bestimmtheit, wenig Ausdauer, schwankende Gefühle und eine gewisse Unsicherheit. Wenn man Sie verletzt, fehlt es Ihnen oft an Mut, entschieden zu reagieren und die Dinge rechtzeitig zu klären; Sie fressen Ärger und Enttäuschung in sich hinein, anstatt klare Verhältnisse zu schaffen, so dass es immer wieder zu Spannungen mit der Umwelt kommt. Zwar können Sie notfalls auch harte Ellenbogen zeigen, aber häufig setzen Sie sie zu spät oder zum falschen Zeitpunkt ein. Bemühen Sie sich um mehr Geradlinigkeit und Entschlossenheit, treffen Sie rechtzeitig klare Entscheidungen, für die Ihnen Ihre Fähigkeit des intuitiven Erfassens von Gegebenheiten und von Lösungsmöglichkeiten bei Konflikten zugute kommen kann, doch lassen Sie sich nicht ausschließlich von Gefühlen leiten.

Mein indianisches Horoskop

Obwohl sie auf einem Welt- und Menschenbild beruht, das von unseren abendländischen Vorstellungen sehr verschieden ist, gelangt auch die indianische Astrologie zu Einsichten über den Menschen, die den uns vertrauten Horoskop-Aussagen verblüffend ähnlich sind. Auch für den Indianer ist der Mensch in das Universum eingebunden, ist Bestandteil eines engen Geflechts von Beziehungen und Wechselwirkungen, das die ganze – belebte und unbelebte – Welt durchzieht.

Das wichtigste Bezugssystem unserer Astrologie ist der Tierkreis mit seinen zwölf Zeichen, durch die das Jahr gegliedert wird. Nach Auffassung der Indianer tritt der Mensch mit seiner Geburt in einen magischen Kreis ein, der die ganze Welt in sich einschließt. Vier Abschnitte unterteilen das Universum, den Jahres- und Tagesablauf und werden durch je ein Tier symbolisiert: Ost – Frühling – Morgen – Adler; Süd – Sommer – Mittag – Kojote; West – Herbst – Abend – Grizzlybär; Nord – Winter – Nacht – Weißer Büffel. Unseren Tierkreiszeichen entsprechen zwölf Monde oder Monate, denen jeweils ein Totem (Zeichen) im Tier-, Pflanzen- und Mineralreich sowie eine Symbolfarbe beigegeben ist.

Sie sind ein Specht-Mensch

Geboren sind Sie unter dem Mond der Kraftvollen Sonne, der etwa dem Zeitraum unseres Tierkreiszeichens Krebs entspricht. Ihr Totem im Tierreich ist der Specht, Ihr Totem im Pflanzenreich ist die Heckenrose, Ihr Totem im Mineralreich der Karneol und Ihre Symbolfarbe Rosa. Sie gehören dem Elementeklan der Frösche an, deren Element das Wasser ist. Andere Angehörige dieses Klans sind die Schlange-(Skorpion-) und Puma-(Fische-) Menschen. Das bedeutet, dass Sie mit diesen viele charakteristische Wesensmerkmale gemeinsam haben. Geboren sind Sie im Sommer, der Jahreszeit von Shawnodese (Kojote), des Hüters des Geistes aus dem Süden, der auch den Mittag und die Kraft des Wachstums und Vertrauens symbolisiert.

Der Specht-Mensch ist weit mehr gefühls- als verstandesorientiert. Er lässt sich in seinem Handeln und Planen, aber auch im Umgang mit den Mitmenschen eher von seinem intuitiven Gespür als von scharfsinnigen Überlegungen leiten. Allerdings kann ihm seine dominierende Gefühlswelt auch zu schaffen machen, verstellt sie ihm doch häufig den Blick auf die Realitäten und läuft Gefahr, sich ziellos zu verströmen. Deshalb ist es wichtig, dass er das Wogen seiner Emotionen zu bändigen vermag; wenn er mit sich selbst ins Reine gekommen ist, kann er anderen viel Mitgefühl entgegenbringen, sich gut in sie einfühlen. Wagnisse und überraschende Neuerungen liebt der Specht-Mensch nicht; er bevorzugt das Vertraute und Bewährte, ist also konservativ.

Konservativ ist er auch insofern, als er auf Festhalten und Bewahren aus ist. Das bedeutet, dass er einerseits sehr besitzergreifend ist, geliebte Menschen ganz und gar in Beschlag nehmen will, ihnen kaum persönlichen Freiraum lässt, andererseits aber auch ungemein fürsorglich ist, für einen materiell abgesicherten Rahmen sorgt und Geld und Gut mit Bedacht zusammenhalten kann. Verbunden ist mit diesem Wesenszug häufig ein Mangel an äußerer und innerer Beweglichkeit und mangelnde Anpassungsbereitschaft. Je nach den Umständen kann ein stets gegebener Hang zur Bequemlichkeit in regelrechte Trägheit ausarten; rasche Entschlusskraft und Arbeitsfreude sind Gaben, mit denen der Specht-Mensch nur recht selten bedacht ist.

Der Specht-Mensch ist sehr bemüht, sich eine Umwelt zu schaffen, in der er sich wohl fühlt. Ein schönes Zuhause ist für ihn wichtig, aber er braucht auch zahlreiche zwischenmenschliche

Beziehungen, für deren Aufbau und Pflege er viel Zeit und Kraft aufwendet. Gern schließt er sich Gruppen an, wenn er dort Gleichgesinnte vorfindet; häufig handelt es sich dabei um Zusammenschlüsse, die sich dem Dienst an der Gemeinschaft verschrieben haben.

Partnerschaften

Als Specht-Mensch sind Sie ein Vertreter des Froschklans, dessen Element das Wasser ist. Dem gleichen Klan gehören auch die Schlange-(Skorpion-) und Puma-(Fische-)Menschen an. Mit diesen kommen Sie in der Regel sehr gut zurecht, da Ihnen viele grundlegende Wesenszüge gemeinsam sind. In einer engen Partnerschaft kann es freilich eben wegen dieser Übereinstimmungen zu Reibereien kommen. Nur wenn Sie Ihre Emotionen in zielgerichtete Bahnen lenken lernen und dynamischer werden, ist eine solche Partnerschaft von Bestand.

Am besten ergänzen Sie sich mit Angehörigen des Schildkrötenklans, dessen Element die Erde ist. Das Wasser bewahrt die Erde vor Austrocknung, und andererseits kann das Wasser ohne die Erde als feste Grundlage nicht fließen. Dieser Symbolbezug macht deutlich, dass eine Verbindung von Angehörigen dieser Klans für beide von Vorteil ist. Die Froschklan-Menschen bringen zur stabilen Energie des Schildkrötenklan-Menschen die Beweglichkeit ihres Elements, einen dynamischen Impuls, der vor Erstarrung und lähmender Verankerung in der Erde bewahrt. Umgekehrt bieten die Vertreter des Schildkrötenklans den Menschen des Froschklans Stabilität und ein sicheres Fundament, damit sich ihre Kräfte nicht ziellos in alle Richtungen ergießen, weisen ihnen die Richtung für eine sinnvolle, durchdachte Lebensgestaltung, helfen ihnen, Ideen in die Tat umzusetzen, ihr Tun auf feste Grundlagen zu stellen. Im praktischen Leben und auf der Gefühlsebene werden die Partnerschaften erfreulich, nützlich und von Dauer sein. Dem Schildkrötenklan gehören die Biber-(Stier-), Braunbär-(Jungfrau-) und Schneegans-(Steinbock-)Menschen an.

Recht gegensätzlich sind Angehörige des Donnervogelklans, dessen Element das Feuer ist. Feuer und Wasser vertragen sich nicht, zehren einander auf. In einer engeren Partnerschaft kann es große Anfangsschwierigkeiten geben, da sich die Vertreter der beiden Klans instinktiv voneinander bedroht fühlen. Dennoch kann gerade die Gegensätzlichkeit auf beide Seiten sehr nutzbringend einwirken, indem die bisweilen bedrohliche Dynamik des Feuers gedämpft und andererseits die kühle Verhaltenheit des Wassers belebend erwärmt wird. Mit Geduld und Hingabe seitens des Donnervogelklan-Menschen und einem Bemühen um Öffnung und mehr Dynamik seitens des Froschklan-Menschen kann eine Beziehung zwischen Vertretern dieser Klans beiden sehr hilfreich sein. Zum Donnervogelklan gehören der Roter-Habicht-(Widder-), Stör-(Löwe-) und Wapiti-(Schütze-)Mensch.

Das Element des Schmetterlingsklans ist die Luft. Luft ist wie Wasser in ständiger Bewegung; darin sind sich die beiden Elemente ähnlich. Ebenso ähnlich sind sich in vielen Wesenszügen die Vertreter des Frosch- und des Schmetterlingsklans, was freilich auch bedeutet, dass einer im anderen viele der eigenen Fehler gespiegelt sieht. Das kann in einer engen Bindung Anpassungsschwierigkeiten bringen. Sie sollten sich zunächst einmal bemühen, ihre Beweglichkeit in eine gemeinsame Richtung zu koordinieren, sich auf gemeinsame Ziele zu konzentrieren. Froschklan-Menschen können auf Vertreter des Schmetterlingsklans eine stabilisierende Wirkung ausüben, weil sie ihre Energien in einem konstanten Fluss und nicht in sprunghaften Schüben verströmen, weil sie überlegter vorgehen und mehr Ausdauer, Geduld und Beständigkeit an den Tag legen. Zum Schmetterlingsklan gehören die Hirsch-(Zwillinge-), Rabe-(Waage-) und Otter-(Wassermann-) Menschen.

Mein keltisches (Baum-)Horoskop

Nicht Tierkreiszeichen oder Tiere, sondern Bäume sind die Symbole der keltischen Astrologie. Deren Systematik beruht auf den beiden heiligen Zahlen der Kelten, der Drei und der Sieben: Einundzwanzig Bäume gliedern den Jahreslauf.

22.06. bis 23.06.
Ihr Baum ist der *Feigenbaum*. Er symbolisiert Stärke und Selbstbewusstsein, praktischen Wirklichkeitssinn und Geselligkeit, aber auch Ichbezogenheit und Intoleranz. Trotz seiner Unabhängigkeit braucht er Gesellschaft, um sich wohl zu fühlen. Das bedeutet für Sie: Sie stehen mit beiden Füßen fest im Leben, planen und handeln realitätsbezogen. Sie denken selbstständig, können aber auch andererseits recht eigenwillig und unduldsam sein. In einer engen Beziehung können Sie sehr leidenschaftlich sein, doch fällt Ihnen die Treue schwer. Warme Herzlichkeit zeigen Sie eher gegenüber Kindern als einem Lebenspartner.

24.06.
Ihr Baum ist die *Birke*. Sie symbolisiert Freundlichkeit und Eleganz, Fleiß und Intelligenz, Anpassungsfähigkeit und Vorstellungskraft, aber auch Mangel an Ehrgeiz und Leidenschaft. Sie wirkt sympathisch, ist anspruchslos und frei von Überheblichkeit. Das bedeutet für Sie: Sie sind entgegenkommend und hilfsbereit und deshalb beliebt. Sie können sich gut an neue Gegebenheiten und Menschen anpassen und kennen keinen anmaßenden Dünkel. Kreative Aufgaben liegen Ihnen am meisten, für Routinepflichten fehlt es Ihnen an Ausdauer. In Ihren Gefühlsäußerungen sind Sie eher verhalten, aber dafür sind Sie ein zuverlässiger und treuer Partner.

25.06. bis 04.07.
Ihr Baum ist der *Apfelbaum*. Er symbolisiert Anmut und Charme, Uneigennützigkeit und Großzügigkeit, aber auch eine gewisse

Leichtfertigkeit und Abenteuerlust. Er braucht vielfältige belebende Anregungen und erträgt ermüdende Routine und Langeweile nur schwer. Das bedeutet für Sie: Sie sind ein geselliger Mensch mit einer starken persönlichen Ausstrahlungskraft (besonders für das andere Geschlecht). Sie neigen zu Flirts, sind aber im Grunde Ihres Herzens treu und verlässlich. Achten Sie darauf, dass man Ihre Großzügigkeit nicht ausnützt! In einer engen Beziehung sind Sie ein herzlicher und zärtlicher Partner, der faszinieren und mitreißen kann, aber auch fürsorglich auf das Wohl des anderen bedacht ist.

05.07. bis 14.07.
Ihr Baum ist die *Tanne*. Sie symbolisiert Kühle, Zurückhaltung, Würde, Geschmack und Stil, aber auch Eigensinn und Launenhaftigkeit, in der Regel gepaart mit starker Ichbezogenheit. Das bedeutet für Sie: Sie sind meist ein sehr kultivierter Mensch, der auf eine schöne und harmonische Umwelt großen Wert legt. Ihre reiche, tiefe Gefühlswelt geben Sie nur zögernd der Umwelt preis, weshalb Sie verschlossen wirken. Sie sind oft vielseitig begabt, ehrgeizig und fleißig. In einer engen Beziehung sind Sie in der Regel treu, zuverlässig und notfalls zu großen Opfern bereit.

15.07 bis 22.07.
Ihr Baum ist die *Ulme*. Sie symbolisiert Ruhe und Beherrschtheit, Ernst und Treue, Intelligenz und praktischen Sinn, aber auch hohe Anforderungen und einen Hang zur Rechthaberei. Das bedeutet für Sie: Sie geben sich verhalten und beherrscht und lieben den gepflegten Stil. Wirklichkeitsbezogen verfolgen Sie Ihren sozialen und beruflichen Aufstieg, wobei Sie selbstbewusst Führungsaufgaben übernehmen. Eigensinnig und anspruchsvoll, sind Sie kein ganz einfacher Partner, doch sind Sie meist pflichtbewusst und manchmal auch recht humorvoll.

Weltzeitalter, Jahresplaneten, Symbolbezüge

Infolge der Kreiselbewegung der Erdachse (Präzession) wandert der Frühlingspunkt, also der Schnittpunkt von Himmelsäquator und Ekliptik, in rund 2100 Jahren um jeweils ein Sternbild auf dem Tierkreis zurück. An der Spitze des Sternbilds Widder lag der Frühlingspunkt vor rund 4000 Jahren; um die Zeitenwende wanderte er in das Sternbild Fische zurück, und inzwischen ist er im Sternbild Wassermann angelangt. Von den Sternbildern zu unterscheiden sind die gleichnamigen Tierkreiszeichen: Bei diesen handelt es sich um Abschnitte eines auf den Frühlingspunkt ausgerichteten astrologischen Bezugssystems, das durch die Wanderung dieses Punktes nicht verändert wird.

Die Zeitdauer einer vollen Erdachsenumdrehung (rund 25000 Jahre) bezeichnet man als »platonisches Jahr«. Dieses gliedert sich in zwölf jeweils etwa 2100 Jahre umfassende »Weltmonate« (auch Weltzeitalter genannt), die nach alter astrologischer Tradition durch die Wirkqualitäten des Tierkreisabschnitts bestimmt werden, der vom Frühlingspunkt im jeweiligen Zeitraum durchlaufen wird. Eine zusätzliche Prägekraft schrieb man dem im Tierkreis gegenüberliegenden Abschnitt zu, so dass also jeweils zwei polare Tierkreiszeichen wirksam sind.

Wir stehen heute an der Schwelle des Wassermann-Zeitalters, das durch das Tierkreiszeichen Wassermann und den ihm zugeordneten Planeten Uranus gekennzeichnet sein wird. Beide symbolisieren revolutionäre Umbrüche, eine gesteigerte Verbundenheit mit dem All, aber auch eine Verdichtung der Beziehungen innerhalb der Menschheit. Dass die atemberaubende Entwicklung von Wissenschaft und Technik grundlegende Veränderungen (Nutzung der Atomkraft, Computer, Raumfahrt) eingeleitet hat, ist offenkundig. Nachrichten- und Verkehrstechnik haben die Erde gleichsam schrumpfen lassen, haben die Menschen aller Kontinente einander so nahe gebracht wie nie zuvor. Noch ist nicht abzusehen, wohin diese Entwicklung führen wird, ob sie der Menschheit zum Fluch oder zum Segen gereicht.

Etwa von der Zeitwende bis in unsere Tage dauert das *Zeitalter der Fische*. Das welthistorisch bedeutsamste Ereignis dieses Abschnitts war die Entstehung und Entfaltung des Christentums, dessen frühes Symbol die Fische waren. Der Einfluss des polaren Tierkreiszeichens Jungfrau zeigt sich in den Grundzügen der christlichen Religion (Demut, Nächstenliebe usw.), aber auch im Marienkult.

Die beiden Jahrtausende vor der Zeitwende, das *Zeitalter des Widders*, standen unter dem Einfluss des Mars. Große Völkerkriege ließen mächtige Reiche untergehen und führten das Griechenheer Alexander des Großen bis nach Italien. Der polare Waage-Einfluss zeigt sich in den herrlichen Kunstschöpfungen dieser Zeit. Der Widder spielte in manchen Religionen des Orients eine bedeutsame Rolle.

Das 3. und 4. vorchristliche Jahrtausend war das *Zeitalter des Stiers*. Erdverbundener Schönheitssinn und praktisches Denken offenbaren sich in der altägyptischen Kultur. Im ganzen Mittelmeerraum spielten Stierkulte eine wichtige Rolle, wie sie uns am eindrucksvollsten aus Kreta überliefert sind. Der polare Skorpion-Einfluss zeigt sich u.a. in den Totenkulten der damaligen Hochkulturen.

Das *Zeitalter der Zwillinge* (um 6000 – 4000 v. Chr.) wird durch gesteigerte geistige und physische Mobilität gekennzeichnet. In diesen Abschnitt fallen die Verbreitung der Schrift und die Entstehung erster Bibliotheken (China, Zweistromland, Ägypten), aber auch die Erfindung des Rades.

Jahresplaneten kennt man schon seit Tausenden von Jahren. Sie wurden zunächst im vorderasiatischen Kulturraum als Anhaltspunkte für die Zeitrechnung eingeführt; da damals das Jahr im Frühling begann, dauert die »Herrschaft« eines Planeten jeweils vom 21. März bis zum 20. März des Folgejahres. Erst später schrieb man den Jahresplaneten auch astrologische Bedeutung zu und begann, sie in die Deutung von Individualhoroskopen und bei der astrologischen Wettervorhersage einzubeziehen.

Die moderne Astrologie ist davon wieder abgekommen, aber für Interessierte wollen wir mit zwei Übersichten kurz darauf eingehen.

Die Jahresplaneten für das 20. und 21. Jahrhundert

Merkur
1900 1907 1914 1921 1928 1935 1942 1949 1956 1963
1970 1977 1984 1991 1998 2005 2012 2019 2026 2033

Mond
1901 1908 1915 1922 1929 1936 1943 1950 1957 1964
1971 1978 1985 1992 1999 2006 2013 2020 2027 2034

Saturn
1902 1909 1916 1923 1930 1937 1944 1951 1958 1965
1972 1979 1986 1993 2000 2007 2014 2021 2028 2035

Jupiter
1903 1910 1917 1924 1931 1938 1945 1952 1959 1966
1973 1980 1987 1994 2001 2008 2015 2022 2029 2036

Mars
1904 1911 1918 1925 1932 1939 1946 1953 1960 1967
1974 1981 1988 1995 2002 2009 2016 2023 2030 2037

Sonne
1905 1912 1919 1926 1933 1940 1947 1954 1961 1968
1975 1982 1989 1996 2003 2010 2017 2024 2031 2038

Venus
1906 1913 1920 1927 1934 1941 1948 1955 1962 1969
1976 1983 1990 1997 2004 2011 2018 2025 2032 2039

»Der Mensch dringt durch den Erdenhimmel in neue Welträume vor.«
Holzschnitt um 1530

Dem Einfluss des Jahresplaneten schrieb man über die individuellen Konstellationen des Geburtshoroskops hinaus folgende zusätzliche Prägekräfte auf das Wesen der in den jeweiligen Jahren Geborenen zu:

Merkur: vielseitig interessiert, kritisch, verstandesbetont, ehrgeizig, redegewandt und reisefreudig.

Mond: unbeständig, wechselvolles Schicksal, Veränderungen in der Lebensmitte, Erfolge im Alter.

Saturn: überlegt, konzentriert, ausdauernd, eigensinnig und verschlossen; langsamer Aufstieg, später Erfolg.

Jupiter: großzügig, lebensfroh, optimistisch, gute Aufstiegschancen.

Mars: dynamisch, energisch, leidenschaftlich, starkes Durchsetzungsvermögen, aber auch voreilig und unbedacht.

Sonne: selbstständig, großzügig, aber auch ichbezogen, eigenwillig und triebhaft.

Venus: begeisterungsfähig, schöpferisch, vielseitig interessiert, lebensfroh; Erfolg oft erst in der zweiten Lebenshälfte.

Noch einmal sei gesagt, dass sich der Einfluss eines Jahresplaneten nicht vom 1. Januar bis zum 31. Dezember, sondern vom 21. März bis zum 20. März des folgenden Jahres erstreckt.

Auf die vielfältigen Symbolbezüge von Tierkreiszeichen und Planeten können wir hier nicht im Einzelnen eingehen. Wir wollen sie nur tabellarisch zusammenfassen, und zwar in folgender Reihenfolge:

Tierkreiszeichen — Planetenherrscher — Farben — Metall — Edelsteine — Zahlen — Wochentag.

Widder: Mars — Rot, Kadmiumgelb — Eisen — Rubin, Jaspis, Granat, Diamant, Amethyst — Neun — Dienstag.

Stier: Venus — Gelb, Pastellblau, Hellgrün — Kupfer — Achat, Smaragd, Saphir, Lapislazuli, Türkis, Karneol — Fünf und Sechs — Freitag.

Zwillinge: Merkur — Violett, Safrangelb — Quecksilber — Topas, Bergkristall, Aquamarin, Goldberyll — Fünf — Mittwoch.

Krebs: Mond — Grün, Silber, Weiß — Silber — Kristall, Smaragd, Opal, Mondstein, Perlen — Zwei und Sieben — Montag.

Löwe: Sonne — Orange, Gold, Gelb — Gold — Rubin, Diamant, Hyazinth, Goldtopas, Tigerauge — Eins und Vier — Sonntag.

Jungfrau: Merkur — Violett, Hellblau, Weiß — Quecksilber —

Jaspis, Achat, Karneol, Topas, Turmalin — Fünf — Mittwoch.

Waage: Venus — Gelb, Pink, Pastelltöne — Kupfer — Diamant, Beryll, Lapislazuli, Türkis, Koralle, Perlen — Fünf und Sechs — Freitag.

Skorpion: Mars — Rot, Braun, Schwarz — Eisen — Topas, Malachit, Jaspis, Rubin, Sardonyx — Neun — Dienstag.

Schütze: Jupiter — Blau, Purpur, warmes Braun — Zinn — dunkelblauer Saphir, Türkis, Amethyst, Lapislazuli, Granat — Drei — Donnerstag.

Steinbock: Saturn — Indigo, Dunkelgrün, Braun, Schwarz — Blei — Onyx, Gagat, Chalzedon, Karneol, Chrysopras, schwarze Perlen — Acht und Fünfzehn — Samstag.

Wassermann: Uranus (früher Saturn) — Indigo, Lila, Violett, irisierende Farben — Blei, Aluminium, Radium — Saphir, Amethyst, Bernstein, Aquamarin, Chalzedon — Acht und Fünfzehn — Samstag.

Fische: Neptun (früher Jupiter) — Blau, Violett, Weiß, schillernde Farben — Platin, Zinn — Chrysolith, Saphir, Topas, Opal, Perlmutt, Kristalle — Drei — Donnerstag.

III.
Mein persönlicher Aszendent

Um Ihren Aszendenten auf dem Ihren Geburtstag betreffenden Schaubild (ab Seite 84) ablesen zu können, müssen Sie Ihre in Mitteleuropäischer Zeit (MEZ) angegebene Geburtszeit zunächst in Weltzeit (WZ) und danach in Ortszeit (OZ) umwandeln. Wenn Sie Ihre genaue Geburtszeit nicht wissen, können Sie sie beim Standesamt Ihres Geburtsortes erfragen.

Einfach ist die Umrechnung von MEZ in Weltzeit: Sie brauchen lediglich von der MEZ eine Stunde abzuziehen. Wenn zum Zeitpunkt Ihrer Geburt die Sommerzeit galt, müssen Sie von Ihrer Geburtszeit zwei Stunden und in den wenigen Zeiträumen mit doppelter Sommerzeit sogar drei Stunden abziehen, um die Weltzeit ermitteln zu können.

Die Ortszeit hängt von der geografischen Länge Ihres Geburtsortes ab. Für jedes Grad östlicher Länge (vom Nullmeridian) müssen Sie zur Weltzeit vier Minuten hinzuzählen. Um Ihnen lange Rechnereien zu ersparen, finden Sie anschließend eine Ortstabelle für den deutschsprachigen Raum, auf der Sie für die wichtigsten Städte die zur Weltzeit zu addierenden Minuten ablesen können. Wenn Ihr Geburtsort in der Tabelle nicht aufgeführt ist, suchen Sie im Atlas eine ungefähr auf dem gleichen Längenkreis liegende Stadt unserer Tabelle und zählen Sie die dort angegebene Zahl von Minuten zu Ihrer in Weltzeit umgerechneten Geburtszeit hinzu.

Ortstabelle für den deutschsprachigen Raum

ORT	Min.	ORT	Min.	ORT	Min.
Aachen	24	Frankfurt/M.	35	Mainz	33
Aarau	32	Frankfurt/O.	58	Mannheim	34
Allenstein	82	Freiburg/Br.	31	Marburg	35
Ansbach	42	Freising	47	Memel	84
Apolda	46	Genf	25	Mülheim/R.	32
Arosa	39	Gera	48	München	46
Aschaffenburg	37	Gießen	35	Münster	31
Augsburg	44	Görlitz	60	Nordhausen	43
Baden-Baden	33	Gotha	43	Nördlingen	42
Bamberg	44	Göttingen	40	Nürnberg	44
Basel	30	Graz	69	Oldenburg	33
Bautzen	58	Hagen	30	Osnabrück	32
Bayreuth	46	Halberstadt	44	Passau	54
Berlin	54	Halle/S.	44	Pirmasens	30
Bern	30	Hamburg	40	Plauen	49
Bielefeld	34	Hannover	39	Regensburg	48
Bochum	29	Heidelberg	35	Rosenheim	48
Bonn	28	Heilbronn	37	Rostock	49
Bozen	45	Helgoland	32	Saarbrücken	28
Brandenburg	50	Hildesheim	40	Salzburg	52
Braunschweig	42	Hof	48	Schleswig	38
Bregenz	39	Ingolstadt	46	Schweinfurt	41
Bremen	35	Innsbruck	46	Schwerin	46
Breslau	68	Jena	46	Speyer	34
Celle	40	Kaiserslautern	31	St. Gallen	38
Cham	34	Karlsruhe	34	Stettin	58
Chemnitz	52	Kassel	38	Steyr	58
Chur	38	Kempten	41	Stralsund	52
Cottbus	57	Kiel	41	Straßburg	31
Danzig	75	Klagenfurt	57	Stuttgart	37
Darmstadt	35	Köln	27	Traunstein	42
Davos	39	Königsberg	82	Trier	27
Dessau	49	Konstanz	37	Ulm	40
Dortmund	30	Krefeld	26	Vaduz	38
Dresden	55	Kufstein	49	Villach	55
Duisburg	27	Lausanne	27	Weimar	45
Düsseldorf	27	Leipzig	50	Wesermünde	34
Eisenach	41	Leoben	60	Wien	66
Emden	29	Lindau	39	Wiesbaden	33
Erfurt	44	Linz	57	Wittenberg	51
Erlangen	44	Lübeck	43	Worms	34
Essen	28	Ludwigshafen	34	Würzburg	40
Esslingen	37	Luxemburg	25	Zürich	34
Feldkirch	38	Luzern	33	Zweibrücken	29
Flensburg	37	Magdeburg	47	Zwickau	50

Ihr Aszendent am 22. Juni

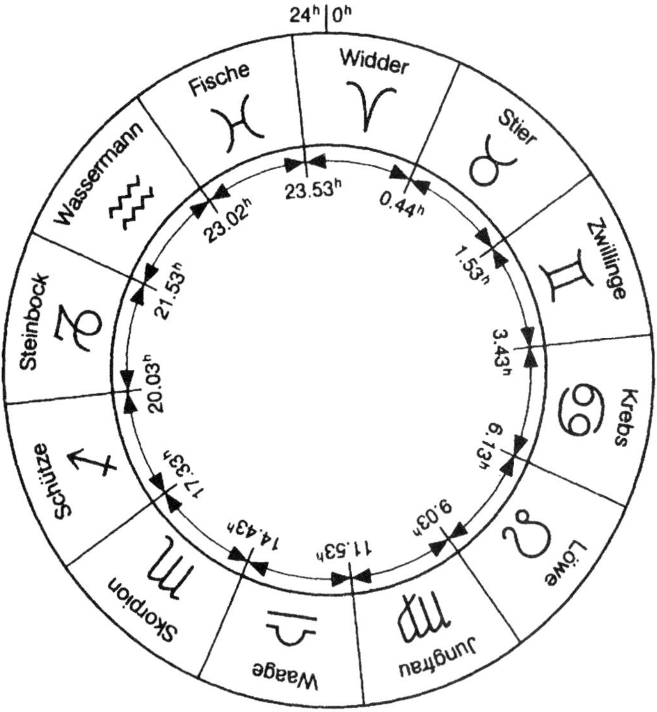

Ihr Aszendent am 23. Juni

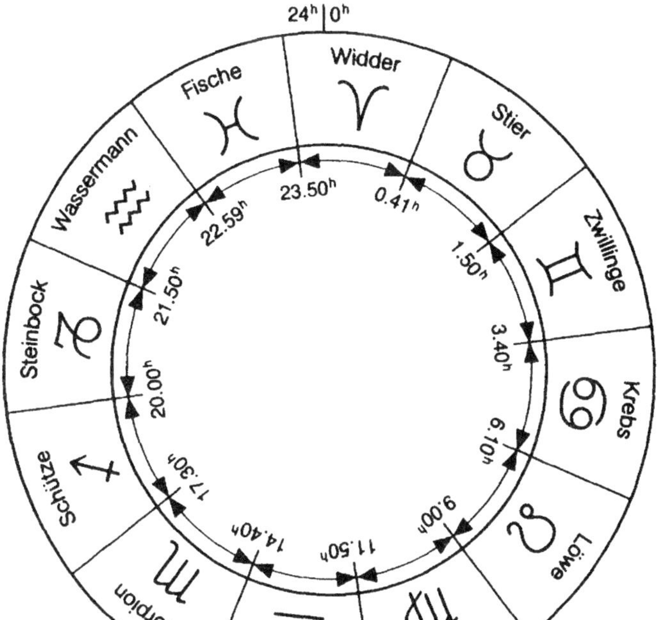

Ihr Aszendent am 24. Juni

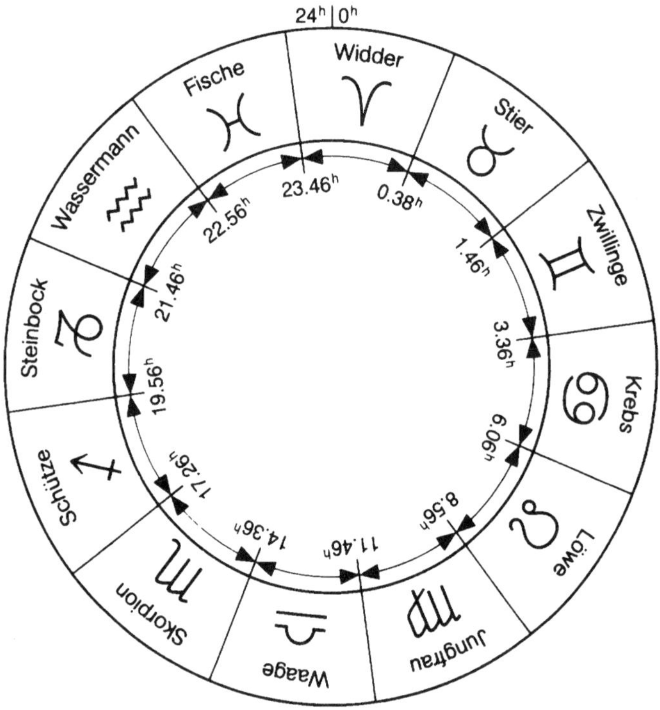

Ihr Aszendent am 25. Juni

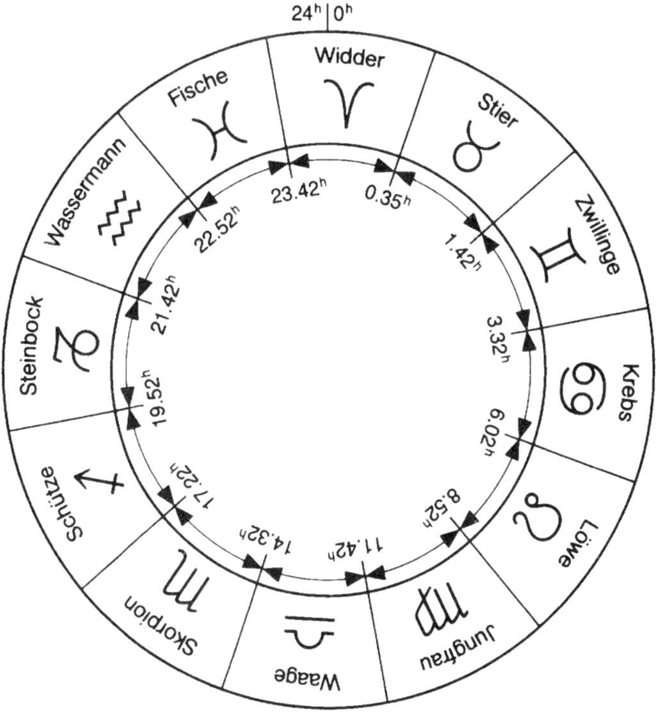

Ihr Aszendent am 26. Juni

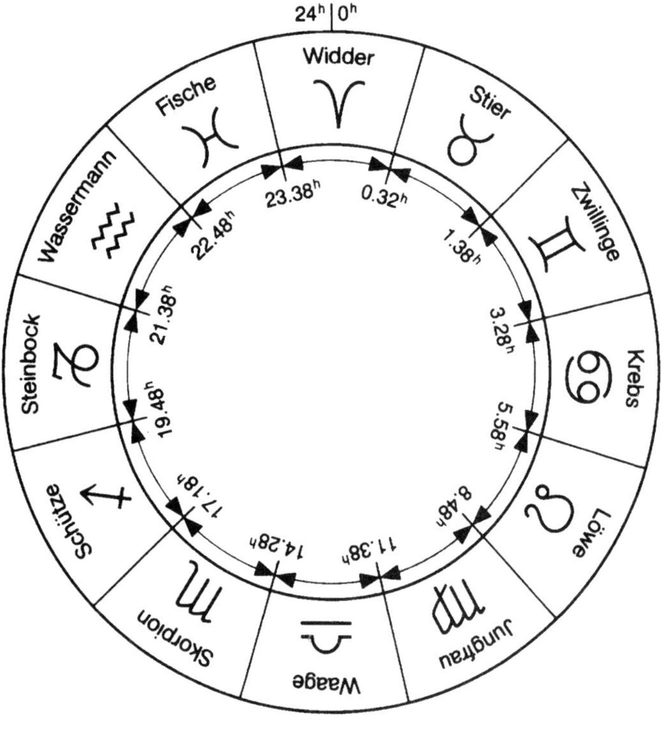

Ihr Aszendent am 27. Juni

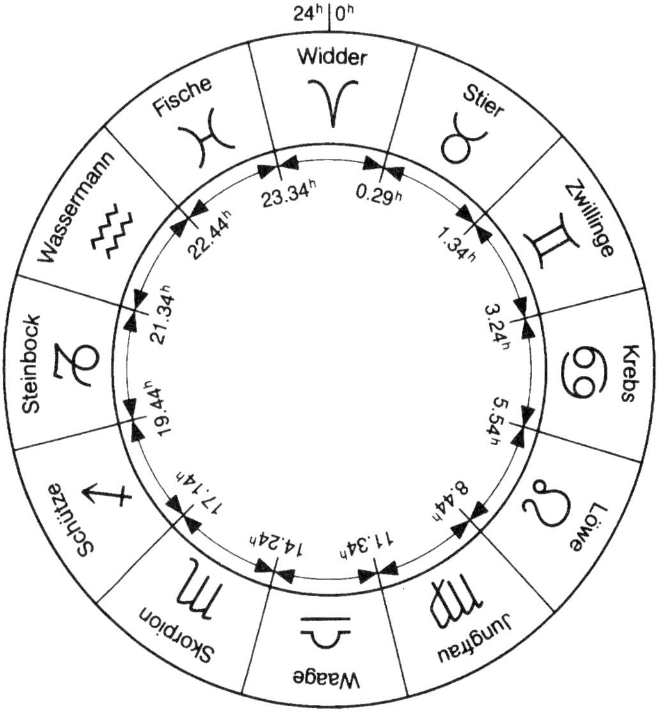

Ihr Aszendent am 28. Juni

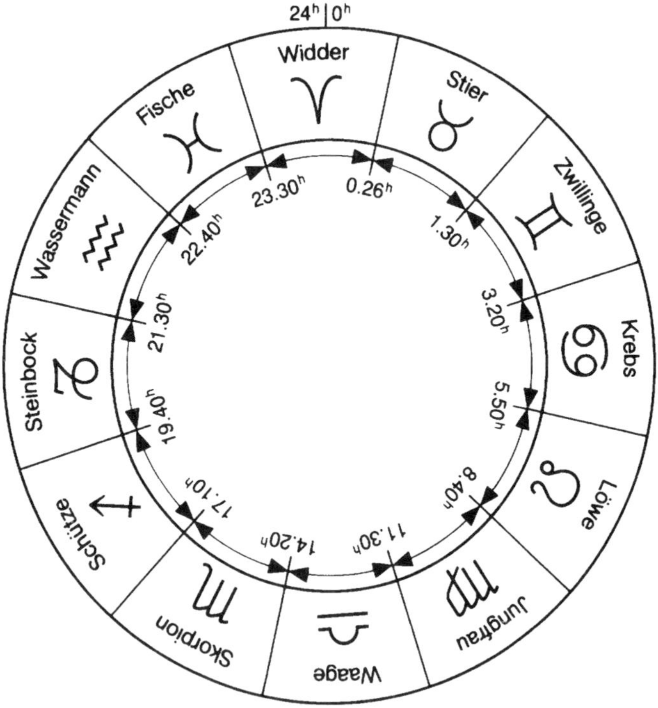

Ihr Aszendent am 29. Juni

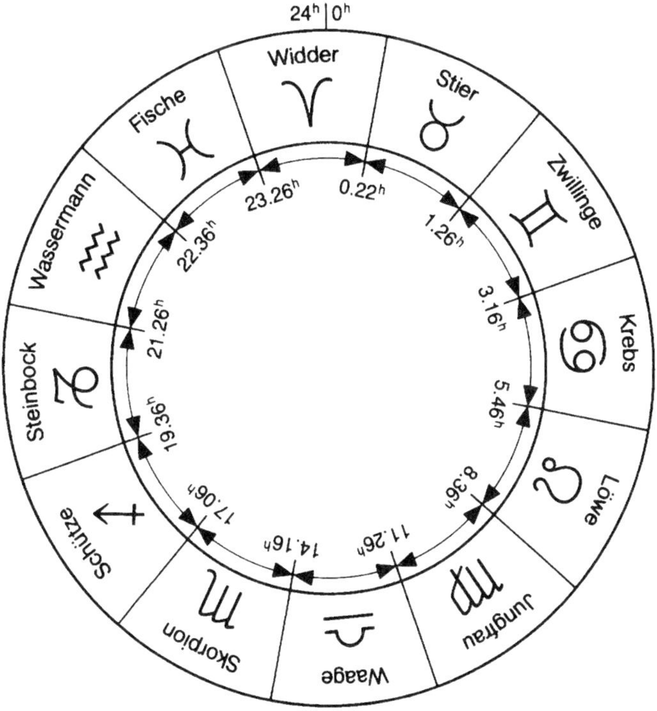

Ihr Aszendent am 30. Juni

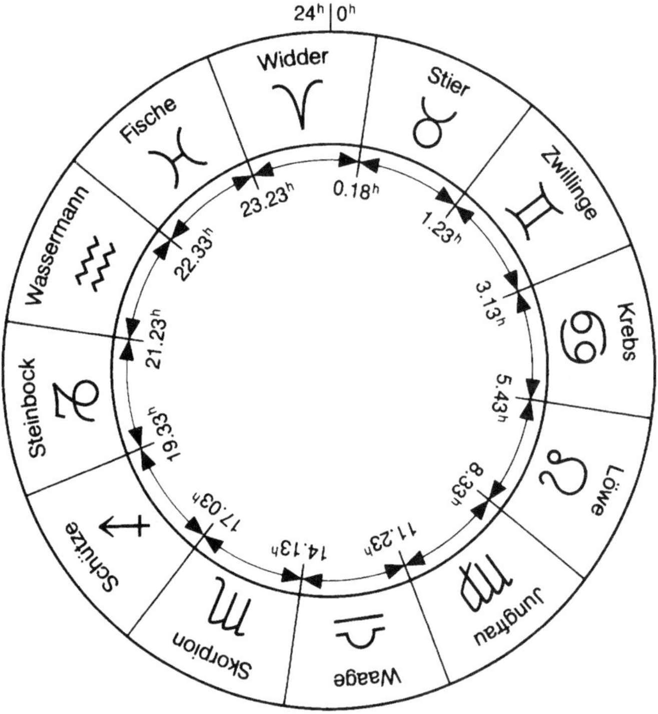

Ihr Aszendent am 1. Juli

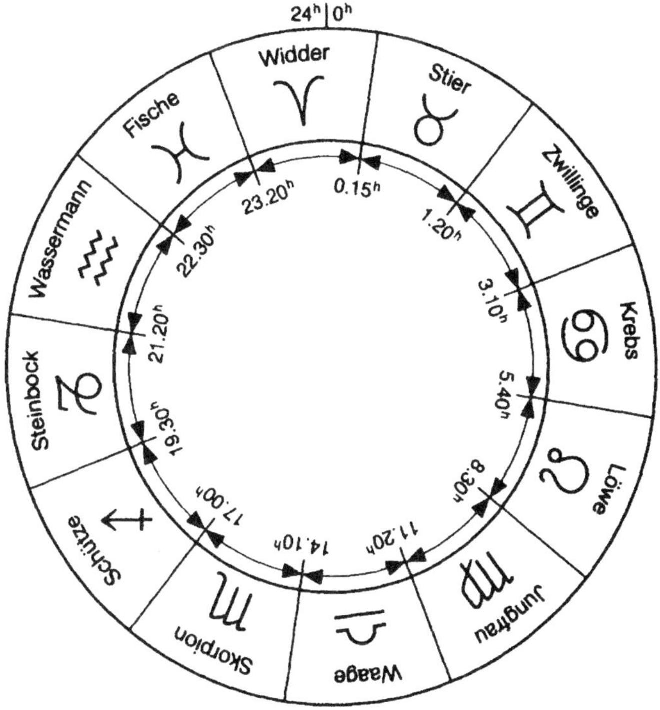

Ihr Aszendent am 2. Juli

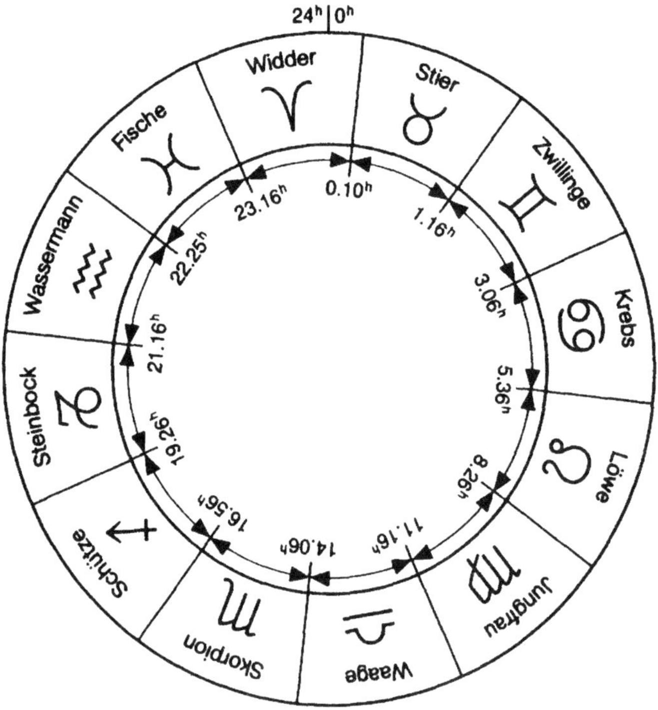

Ihr Aszendent am 3. Juli

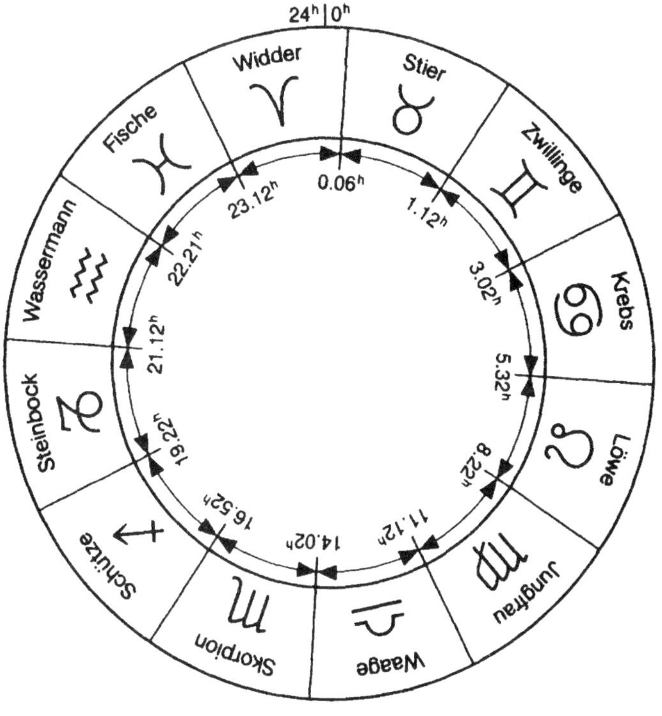

Ihr Aszendent am 4. Juli

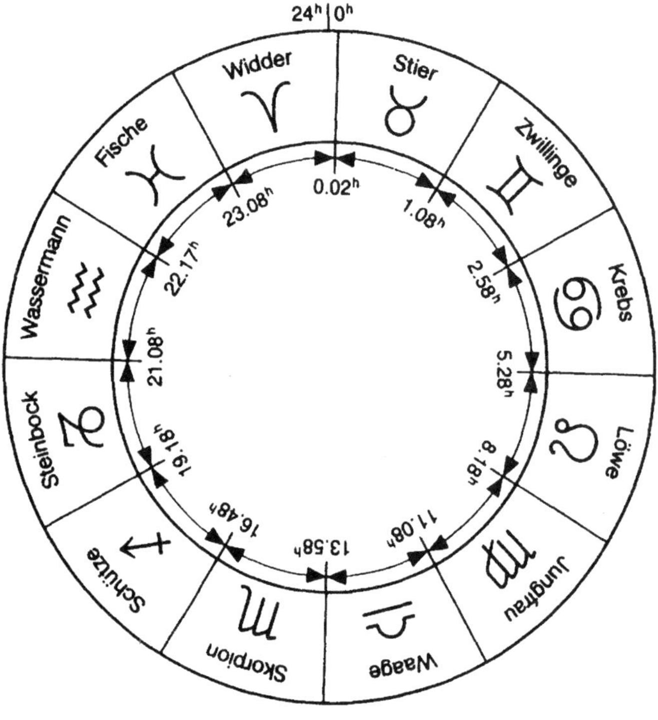

Ihr Aszendent am 5. Juli

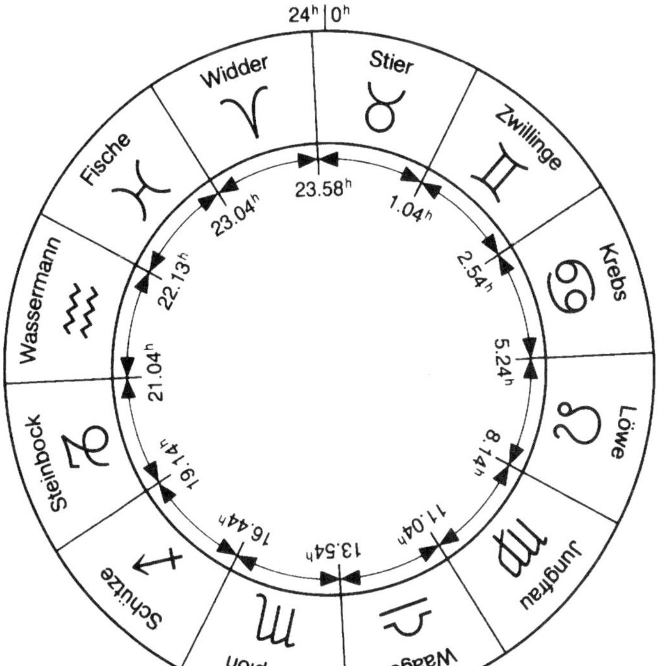

Ihr Aszendent am 6. Juli

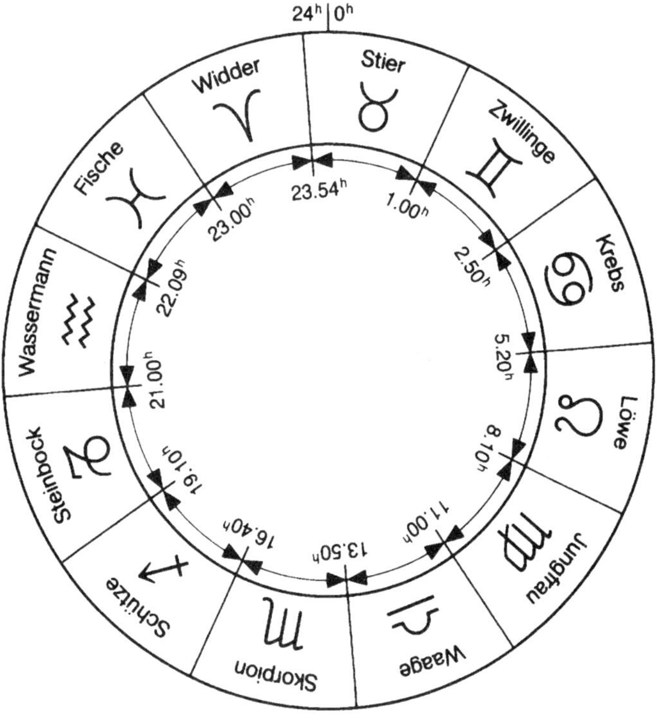

Ihr Aszendent am 7. Juli

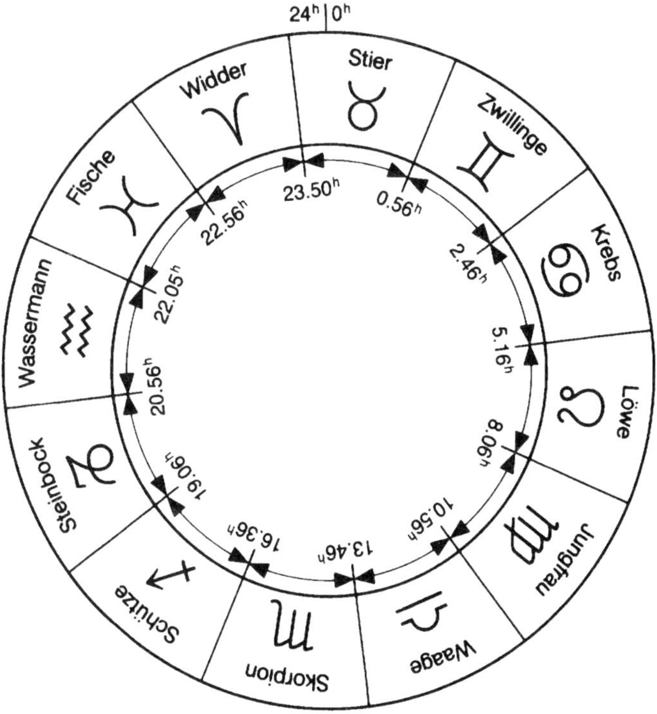

Ihr Aszendent am 8. Juli

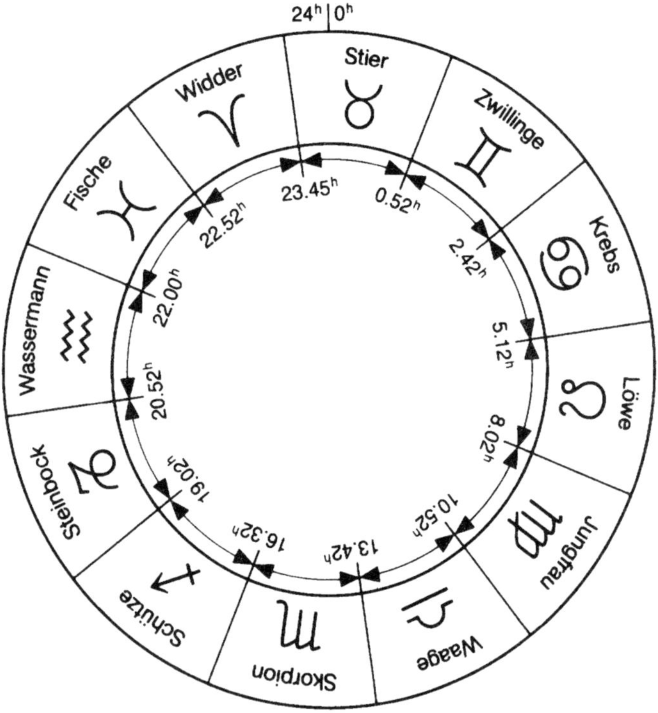

Ihr Aszendent am 9. Juli

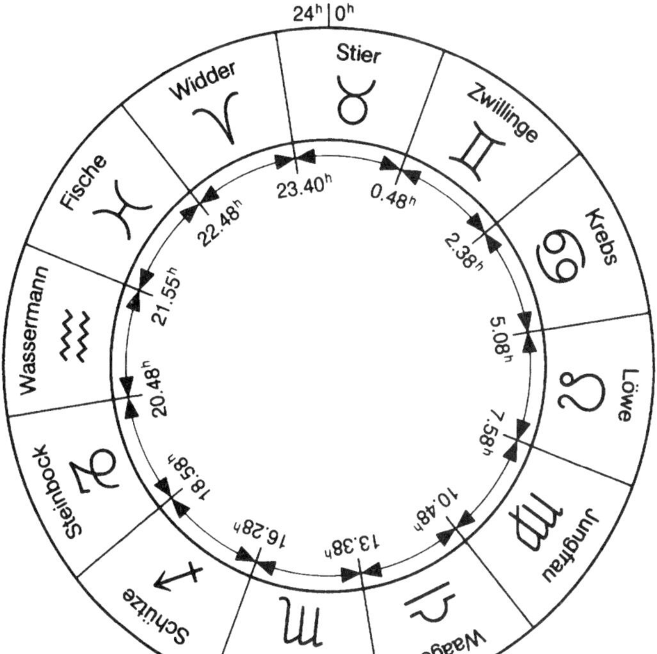

Ihr Aszendent am 10. Juli

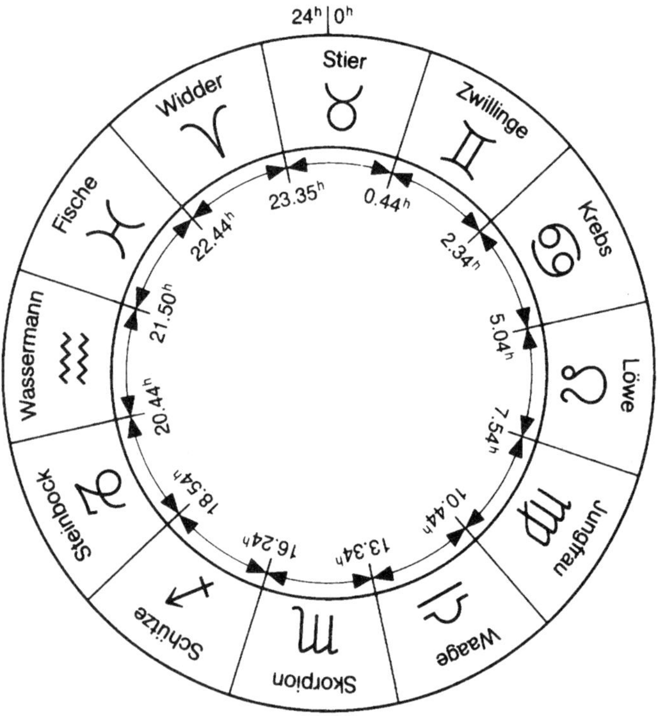

Ihr Aszendent am 11. Juli

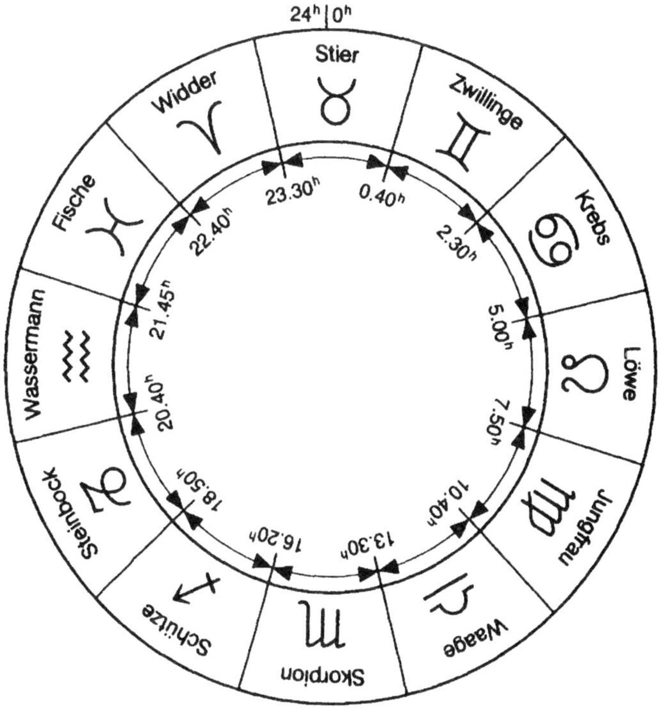

Ihr Aszendent am 12. Juli

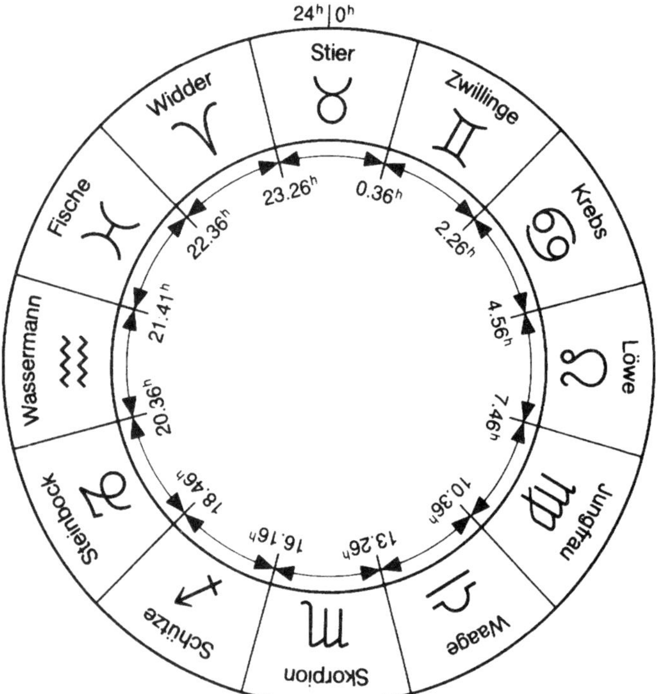

Ihr Aszendent am 13. Juli

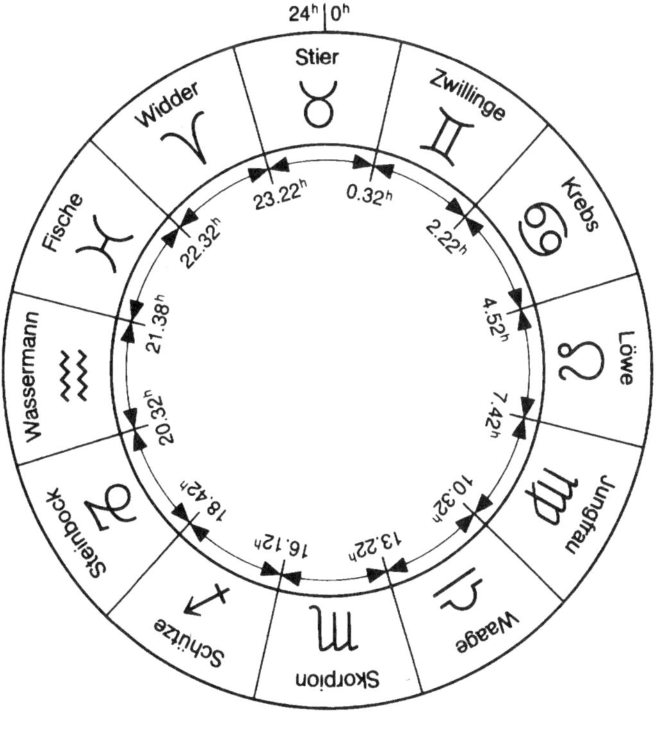

Ihr Aszendent am 14. Juli

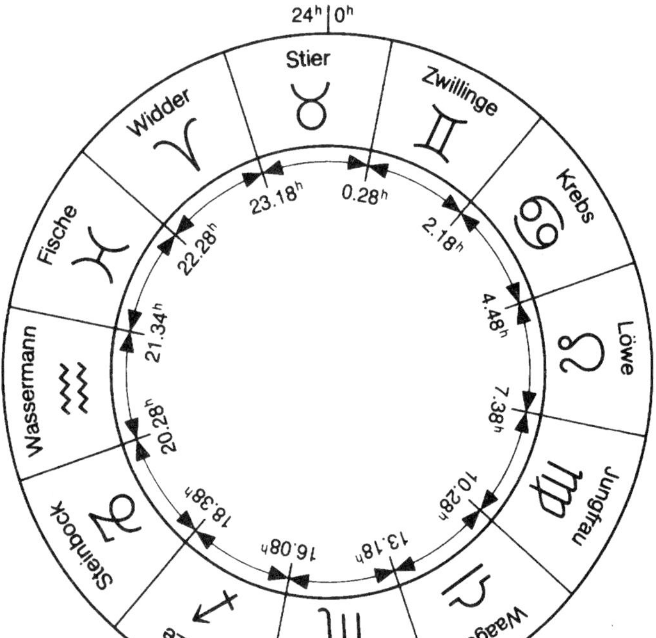

Ihr Aszendent am 15. Juli

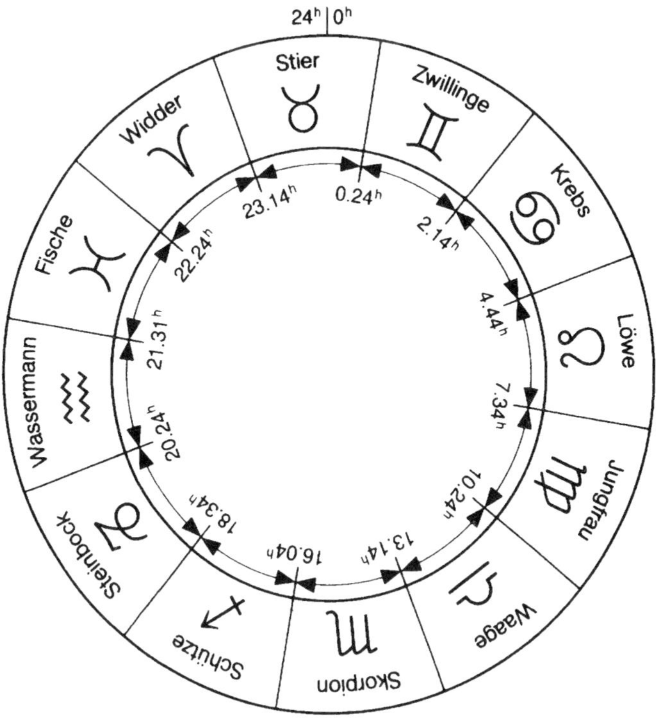

Ihr Aszendent am 16. Juli

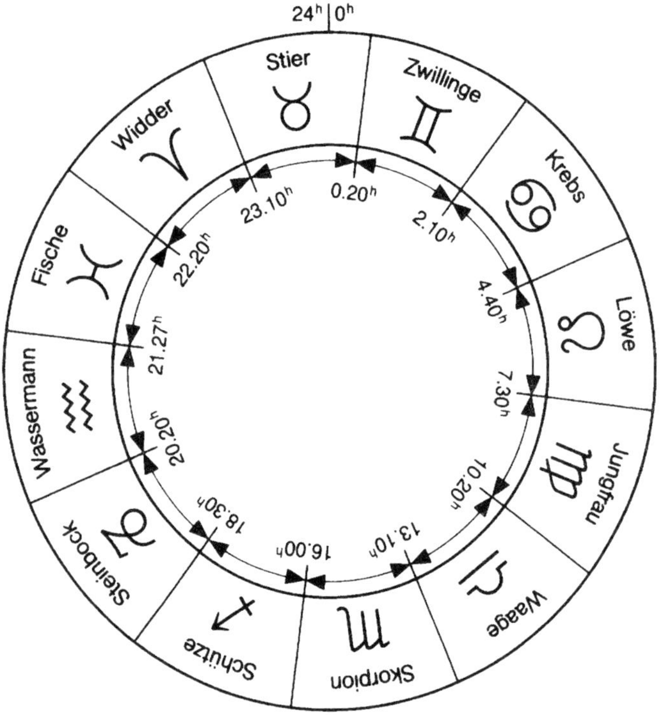

Ihr Aszendent am 17. Juli

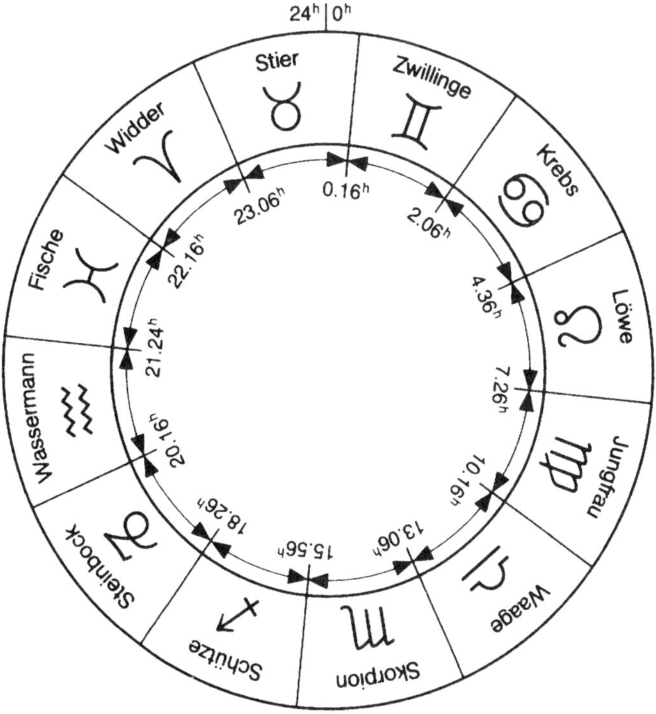

Ihr Aszendent am 18. Juli

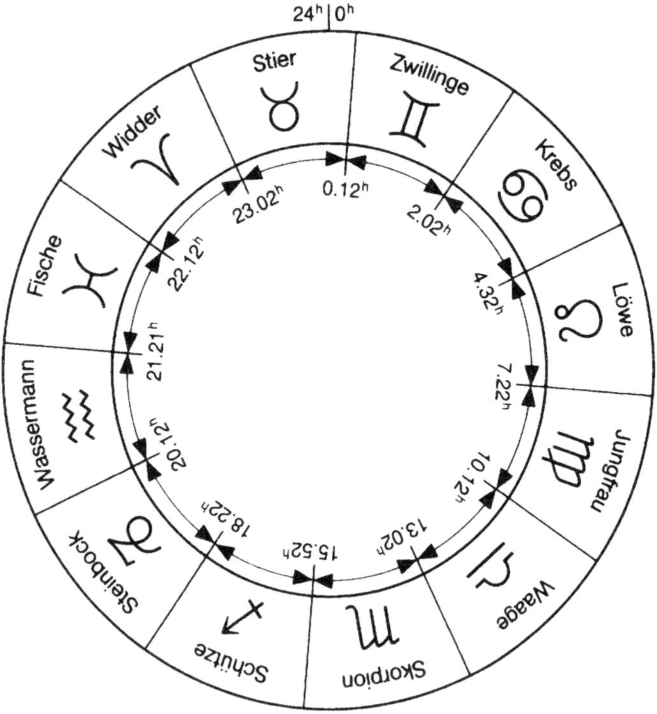

Ihr Aszendent am 19. Juli

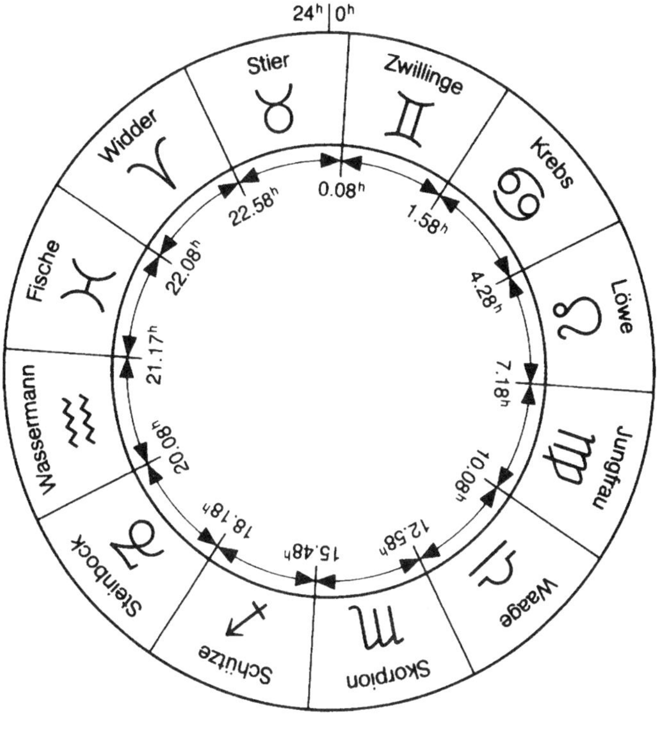

Ihr Aszendent am 20. Juli

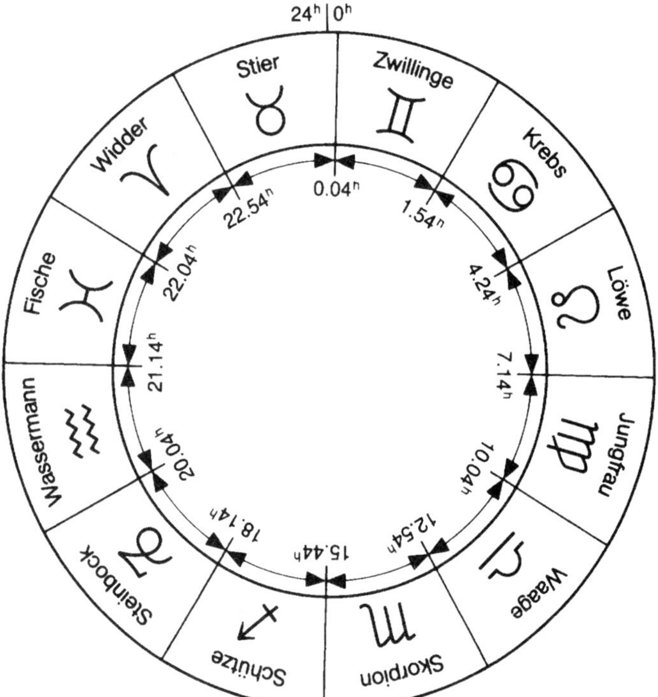

Ihr Aszendent am 21. Juli

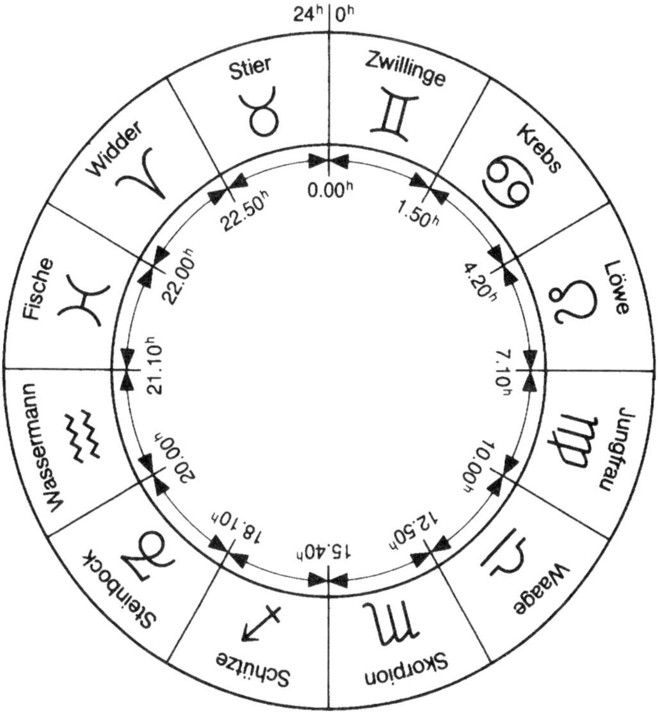

Ihr Aszendent am 22. Juli

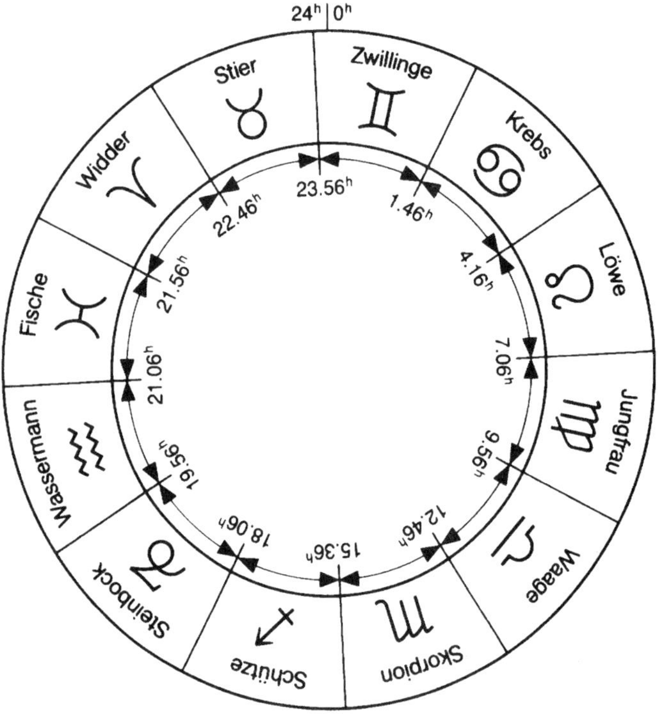

IV.
Wichtige Daten und Ereignisse

Prominente Geburtstagskinder

22. Juni
Wilhelm von Humboldt, dt. Philosoph (1767-1835)
Erich Maria Remarque, dt. Schriftsteller (1898-1970)
Billy Wilder, österr.-amerik. Regisseur (1906)
Meryl Streep, amerik. Schauspielerin (1949)

23. Juni
Josephine de Beauharnais, frz. Kaiserin (1763-1814)
Eduard VIII. von England (1894-1972)
Mathias Wieman, dän. Schauspieler (1902-1969)
Jean Anouilh, frz. Dramatiker (1910-1987)

24. Juni
Viktor Adler, österr. Arzt und Politiker (1852-1918)
Carl Diem, dt. Sportwissenschaftler (1882-1962)
Juan Manuel Fangio, arg. Autorennfahrer (1911-1996)
Claude Chabrol, frz. Regisseur (1930)

25. Juni
Antoni Gaudí y Cornet, span. Architekt (1852-1926)
Louis Mountbatten, engl. Großadmiral (1900-1979)
George Orwell, engl. Schriftsteller (1903-1950)
Hans D. Jensen, dt. Naturwissenschaftler (1907-1973)
Ingeborg Bachmann, österr. Schrifstellerin (1926-1973)

26. Juni
Pearl S. Buck, amerik. Schriftstellerin (1892-1973)
Peter Lorre, dt. Schauspieler (1904-1964)
Stefan Andres, dt. Dichter (1906-1970)
Claudio Abbado, ital. Dirigent (1933)
Mick Jagger, amerik. Rockmusiker (1944)

27. Juni
Ludwig XII., König von Frankreich (1462-1515)
Karl XII., König von Schweden (1682-1718)
Friedrich Silcher, dt. Komponist (1789-1860)
Isabelle Adjani, frz. Schauspielerin (1955)

28. Juni
Heinrich VIII., König von England (1491-1547)
Peter Paul Rubens, fläm. Maler (1577-1640)
Jean Jacques Rousseau, frz. Philosoph (1712-1778)
Carl Friedrich von Weizsäcker, dt. Physiker und Philosoph (1912)

29. Juni
Joachim Heinrich Campe, dt. Pädagoge (1746-1818)
Willibald Alexis, dt. Schriftsteller (1798-1871)
Antoine de Saint-Exupéry, frz. Schriftsteller (1900-1944)
Oriana Fallaci, ital. Schriftstellerin (1930)

30. Juni
Karl VIII., König von Frankreich (1470-1498)
Georg Benda, dt. Komponist (1722-1795)
Friedrich Theodor Vischer, dt. Schriftsteller (1807-1887)
Walter Ulbricht, dt. Politiker (1893-1973)

1. Juli
Gottfried Wilhelm Leibnitz, dt. Philosoph (1646-1716)
George Sand, frz. Schriftstellerin (1804-1876)
Sydney Pollack, amerik. Regisseur (1934)
Carl Lewis, amerik. Leichtathlet (1961)

2. Juli
Christoph Willibald Gluck, dt. Komponist (1714-1787)
Friedrich Gottlieb Klopstock, dt. Dichter (1724-1803)
Lily Braun, dt. Schriftstellerin (1865-1916)
Hermann Hesse, dt. Schriftsteller (1877-1962)

3. Juli
Wilhelmine von Bayreuth, Markgräfin (1709-1758)
Ferdinand Sauerbruch, dt. Chirurg (1875-1951)
Franz Kafka, dt. Dichter (1883-1924)
Stavros Spiros Niarchos, griech. Reeder (1909-1996)
Tom Cruise, amerik. Filmschauspieler (1962)

4. Juli
Christian Fürchtegott Gellert, dt. Dichter (1715-1769)
Giuseppe Garibaldi, ital. Freiheitskämpfer (1807-1882)
Robert Desnos, frz. Lyriker (1900-1945)
Louis Daniel Armstrong, amerik. Jazzmusiker (1900-1971)
Gina Lollobrigida, ital. Filmschauspielerin (1928)

5. Juli
Cecil John Rhodes, brit.- südafrik. Kolonialpolitiker (1853-1902)
Clara Zetkin, dt. Politikerin (1857-1933)
Jean Cocteau, frz. Schriftsteller (1889-1963)
Friz Lang, österr. Regisseur und Autor (1890-1976)
Georges Pompidou, frz. Staatspräsident (1911-1974)

6. Juli
Zar Nikolaus I., russ. Zar (1796-1855)
Hugo Theorell, schwed. Biochemiker (1903-1982)
Frida Kahlo, mex. Malerin (1907-1954)
Bill Haley, amerik. Rockmusiker (1925-1981)
Wladimir Askhenazi, russ. Pianist und Komponist (1937)
Sylvester Stallone, amerik. Filmschauspieler (1946)

7. Juli
Gustav Mahler, österr. Komponist und Dirigent (1860-1911)
Marc Chagall, russ.-frz. Maler und Graphiker (1887-1985)
Gustav Knuth, dt. Schauspieler (1901-1987)
Vittorio De Sica, ital. Schauspieler und Regisseur (1902-1974)
Gottfried Freiherr von Cramm, dt. Tennisspieler (1909-1976)

8. Juli
Jean de La Fontaine, frz. Dichter (1621-1695)
Joseph Chamberlain, brit. Politiker (1836-1914)
Ferdinand Graf Zeppelin, dt. Luftschiffkonstrukteur (1838-1917)
Käthe Kollwitz, dt. Grafikerin und Bildhauerin (1867-1945)
Ernst Bloch, dt. Philosoph (1885-1977)
Walter Scheel, dt. Politiker (1919

9. Juli
Kaiser Ferdinand II., dt. Kaiser (1578-1637)
Ann Radcliffe, engl. Schriftstellerin (1764-1823)
Ottorino Respighi, ital. Komponist (1879-1936)
Ida Ehre, dt. Schauspielerin (1900-1989)
Edward Heath, brit. Premierminister (1916)

10. Juli
Johannes Calvin, frz.-schweiz. Reformator (1509-1564)
Marcel Proust, frz. Schriftsteller (1871-1922)
Carl Orff, dt. Komponist (1895-1982)
Kurt Alder, dt. Chemiker (1902-1958)
Günther Weisenborn, dt. Schriftsteller (1902-1969)

11. Juli
Friedrich I. Barbarossa (1123-1190)
Otto Eduard Hassed, dt. Schauspieler (1903-1978)
Herbert Wehner, dt. Politiker (1906-1990)
Yul Brynner, amerik. Filmschauspieler (1917-1983)
Ilse Werner, dt. Schauspielerin (1921)

12. Juli
Stefan George, dt. Lyriker (1868-1933)
Amadeo Modigliani, ital. Maler (1884-1920)
Harry Piel, dt. Schauspieler und Regisseur (1892-1963)
Pablo Neruda, chilen. Dichter (1904-1973)
Günther Anders, dt.-österr. Schriftsteller (1902-1992)

13. Juli

Gaius Julius Caesar (100 v. Chr.-44 v. Chr.)
Theophil Edvard Hansen, dän. Baumeister (1813-1891)
Gustav Freytag, dt. Schriftsteller (1816-1895)
Alberto Ascari, ital. Rennfahrer (1918-1955)
Michael Verhoeven, dt. Filmregisseur (1938)

14. Juli

Jules Mazarin, frz. Staatsmann und Kardinal (1602-1661)
Gustav Klimt, österr. Maler (1862-1918)
Gerald Ford, amerik. Politiker (1913)
Ingmar Bergman, schwed. Film- und Theaterregisseur (1918)
Lino Ventura, frz. Schauspieler (1919-1987)

15. Juli

Rembrandt van Rijn, fläm. Maler (1606-1669)
Vilfredo Pareto, ital. Nationalökonom (1848-1923)
Walter Benjamin, dt. Schriftsteller (1892-1940)
Melpo Axioti, griech. Schriftstellerin (1905-1973)
Iris Murdoch, irische Schriftstellerin (1919)

16. Juli

Adolf Lüderitz, dt. Großkaufmann (1834-1886)
Roald Amundsen, norweg. Polarforscher (1872-1928)
Trygve Lie, norweg. Politiker (1896-1981)
Ginger Rogers, amerik. Tänzerin und Schauspielerin (1911-1995)
Peter van Eyck, amerik.-dt. Schauspieler (1913-1969)
Oleg Protopopow, sowj. Eiskunstläufer (1932)

17. Juli

Lyonel Feininger, amerik. Maler (1871-1956)
James Cagney, amerik. Schauspieler (1899-1986)
Roger Garaudy, frz. Philosoph (1913)
Milva, ital. Sängerin (1939)
Mario Kempes, arg. Fußballnationalspieler (1954)

18. Juli
William Thackeray, brit. Schriftsteller (1811-1863)
Ricarda Huch, dt. Schriftstellerin (1864-1947)
Nathalie Sarraute, frz. Schriftstellerin (1902)
Andrej Gromyko, sowjet. Politiker (1909-1989)
Georg Kreisler, österr. Schriftsteller (1922)

19. Juli
Johann Jakob Bodmer, schweiz. Historiker (1698-1783)
Gottfried Keller, schweiz. Schriftsteller (1819-1890)
Herbert Marcuse, amerik. Philosoph (1898-1979)
Claude Aveline, frz. Schriftsteller (1901)
Maurice Blanchot, frz. Schriftsteller (1907)

20. Juli
Francesco Petrarca, ital. Dichter (1304-1374)
Max Liebermann, dt. Maler (1847-1935)
Sir Edmund Hillary, neuseel. Bergsteiger (1919)
Uwe Johnson, dt. Schriftsteller (1934-1984)
Nathalie Wood, amerik. Filmschauspielerin (1938-1981)

21. Juli
Papst Sixtus IV. (1414-1484)
Hans Fallada, dt. Schriftsteller (1893-1947)
Ernest Hemingway, amerik. Schriftsteller (1899-1961)
Norbert Blüm, dt. Politiker (1935)
Benazir Bhutto, pakist. Ministerpräsidentin (1953)

22. Juli
Michail Fjodorowitsch, russ. Zar (1596-1645)
Friedrich Wilhelm Bessel, dt. Astronom (1784-1846)
Edward Hopper, amerik. Maler (1882-1967)
Oskar Maria Graf, dt. Schriftsteller (1894-1967)
Alexander Calder, amerik. Bildhauer (1989-1976)

Ereignisse, die Geschichte machten

22. Juni

1941 Die deutsche Wehrmacht überfällt die Sowjetunion (Blitzkrieg).

1942 Erstaufführung von Goethes Faust II in Berlin, inszeniert von Gustaf Gründgens

1994 Der Sicherheitsrat der Vereinten Nationen beschließt den Einmarsch französischer Truppen in Ruanda.

23. Juni

1757 Sieg der britischen Armee über die französisch-bengalische – Beginn der Kolonialisierung Indiens.

1789 Französische Nationalversammlung kündigt Gewalt gegen den französischen König Ludwig XVI. an.

1928 Der italienische General Umberto Nobile, seit dem 25. Mai am Nordpol verschollen, wird gerettet.

24. Juni

1812 Die französische Armee überschreitet die Memel – erster Russlandfeldzug des Kaisers Napoleon I.

1922 Attentat auf den deutschen Außenminister Walther Rathenau durch Mitglieder der rechtsextremen Organisation Consul (376. politischer Mord seit 1919).

1952 Erste Ausgabe der BILD-Zeitung

25. Juni

1876 Die Indianerstämme der Cheyenne und Sioux besiegen unter den Häuptlingen Sitting Bull und Crazy Horse die Kavallerieeinheit von General Custer.

1950 Truppen Nordkoreas überschreiten die Grenze zu Südkorea und lösen den Koreakrieg aus.

1991 Die jugoslawischen Republiken Slowenien und Kroatien beanspruchen politische Unabhängigkeit – Beginn des Bürgerkrieges in Jugoslawien

26. Juni

1935 Per Gesetz werden alle deutschen Frauen und Männer zwischen 18 und 25 zum Arbeitsdienst verpflichtet.

1945 Vertreter aus insgesamt 51 Staaten unterzeichnen in San Francisco die Verfassung der Vereinten Nationen.

1963 US-Präsident John F. Kennedy sagt in Westberlin am Ende seiner legendären Rede: »Ich bin ein Berliner.«

27. Juni

1743 Das Kurfürstentum Bayern wird unter die Herrschaft der österreichischen Kaiserin Maria Theresia gestellt.

1905 Die Besatzung des russischen Panzerkreuzers Potemkin meutert, nachdem ein Offizier einen Soldaten erschossen hat.

1993 Bei einem Anti-Terroreinsatz in Bad Kleinen werden ein Bundesgrenzschutzbeamter und der mutmaßliche RAF-Terrorist Wolfgang Grams erschossen.

28. Juni

1914 Die Ermordung des österreichisch-ungarischen Thronfolgers Erzherzog Franz Ferdinands und seiner Frau gilt als Auslöser für den Ersten Weltkrieg.

1919 Die alliierten Siegermächte des Ersten Weltkriegs und das Deutsche Reich unterzeichnen den Versailler Friedensvertrag.

1939 Erster regulärer Passagierflug zwischen den USA und Europa

29. Juni

1929 Die erste Gruga – Große Ruhrländische Gartenbauausstellung – wird in Essen eröffnet. Rund 200 000 Blumen werden auf 30 Hektar Fläche ausgestellt.

1958 Brasilien wird zum ersten Mal Fußballweltmeister.

1970 Uraufführung von Thomas Bernhards »Ein Fest für Boris« in Hamburg

30. Juni

1834	Der Revolutionsaufruf von Georg Büchner in der Zeitschrift »Der Hessische Landbote« wird veröffentlicht. Büchner muss nach Straßburg fliehen.
1934	»Röhm-Putsch«: Ermordung von Ernst Röhm und 200 weiteren Personen durch die SS.
1946	USA beginnen Atomtests auf dem Bikini-Atoll.
1981	Erste Dallas-Folge in der ARD

1. Juli

1903	Beginn der ersten Tour de France in Paris
1916	Alliierte beginnen Großoffensive an der Somme – die folgenden Schlachten fordern insgesamt 600 000 Tote.
1945	Aufteilung Deutschlands in britische, französische, amerikanische und sowjetische Sektoren
1959	Heinrich Lübke wird als Nachfolger des Liberalen Theodor Heuss zum Bundespräsidenten gewählt.

2. Juli

1881	Tödliches Attentat auf den Präsidenten der USA, James Abraham Garfield.
1961	Der amerikanische Schriftsteller Ernest Hemingway begeht Selbstmord.
1965	Per Bürgerrechtsgesetz wird in den USA Rassendiskriminierung jeglicher Art verboten.

3. Juli

1897	Das berühmte Riesenrad am Wiener Prater wird eingeweiht.
1962	Algerien wird nach über 130 Jahren von seinen französischen Kolonialherrschern in die Unabhängigkeit entlassen.
1988	Über dem Persischen Golf wird ein iranischer Airbus von einer US-Rakete abgeschossen. Dabei sterben über 200 Passagiere.

4. Juli

1631	In Paris wird das erste Arbeitsamt eröffnet.
1776	Die Vereinigten Staaten von Nordamerika erklären ihre Unabhängigkeit vom britischen Empire.
1926	Reichsparteitag der NSDAP in Weimar
1954	Mit einem Sieg über Ungarn gewinnt die deutsche Nationalmannschaft die Fußball-WM.
1987	Klaus Barbie, der »Schlächter von Lyon«, wird wegen Verbrechen gegen die Menschlichkeit zu lebenslanger Haft verurteilt.

5. Juli

1811	Unter der Führung von Simón Bolívar und Francisco Miranda erkämpft sich Venezuela die Unabhängigkeit.
1830	Französische Soldaten nehmen Algier ein – die Eroberung Algeriens beginnt
1841	Thomas Cook bietet erste Pauschalreise an.
1950	Die Polizei erschießt den sizilianischen Bandenchef Salvatore Giuliano, der Teile seiner Beutegelder sozialen Einrichtungen zukommen ließ.

6. Juli

1789	Beginn der Französischen Revolution
1946	Die Tänzerin Micheline Bernardi führt auf einer Pariser Modenschau den ersten Bikini vor.
1967	Beginn des Biafra-Kriegs in Nigeria
1975	Als erster Schwarzer siegt Arthur Ashe in Wimbledon.

7. Juli

1926	Die NSDAP gründet die »Hitlerjugend« als Jugendabteilung der Kampfverbände SS und SA.
1933	Reichsinnenminister Wilhelm Frick hebt alle Abgeordnetenmandate der SPD ersatzlos auf.
1951	Erste farbige Fernsehübertragung in den USA
1985	Der 17-jährige Boris Becker gewinnt als erster Deutscher Wimbledon.

8. Juli

1941	Auf einer Lagebesprechung beschließt Reichskanzler Adolf Hitler den Angriff und die Zerstörung Moskaus.
1975	Erster israelischer Staatsbesuch von Ministerpräsident Yitzhak Rabin in Deutschland
1994	Erstmalige Einbeziehung Russlands in die politischen Beratungen der sogenannten G-7

9. Juli

1762	Sophie Friederike Auguste besteigt als Katharina II., die Große, den russischen Thron und leitet eine der glanzvollsten Epochen der russischen Geschichte ein.
1922	Der US-Amerikaner und späterer Tarzan-Darsteller Johnny Weissmuller schwimmt den Weltrekord in 100-Meter Freistil.
1985	Warnung des deutschen Gesundheitsministeriums vor dem Genuss von österreichischen Weinen.
1986	RAF-Attentat auf Siemens-Manager Karl-Heinz Beckurts

10. Juli

1943	Beginn der Invasion der Alliierten auf Sizilien
1976	Im oberitalienischen Seveso tritt hochgiftiges Dioxin aus – eine der größten Chemiekatastrophen dieses Jahrhunderts
1985	Ein Schiff der Umweltschutzorganisation Greenpeace, die »Rainbow Warrior«, wird versenkt.

11. Juli

212	Der römische Kaiser Caracalla verleiht allen freien Angehörigen des Römischen Reiches das Bürgerrecht.
1916	Der britische Mathematiker Bertrand Russell wird von der Universität Cambridge aus seinem Lehrstuhl entlassen, da er gegen den Krieg plädiert hat.
1968	Premiere des Italo-Westerns »Spiel mir das Lied vom Tod« von Sergio Leone

12. Juli

1679 Der englische König Karl II. sichert jedem Engländer seine bürgerlichen Grundrechte zu.

1776 Der britische Entdecker James Cook bricht zu seiner dritten und letzten Weltreise auf.

1937 In der Eingangshalle des spanischen Pavillons auf der Pariser Weltausstellung hängt Pablo Picassos Ölgemälde » Guernica«.

1993 Etwa 250 Menschen sterben an den Folgen eines See- bzw. Erdbebens in Nordjapan.

13. Juli

1700 Friede von Konstantinopel – Krieg zwischen Russland und dem Osmanischen Reich beendet.

1930 Austragung der ersten Fußball-Weltmeisterschaft

1949 Die Mitglieder und Anhänger aller Kommunistischen Parteien werden von Papst Pius XII. aus der katholischen Kirche verbannt.

14. Juli

1789 Sturm auf die Bastille in Paris – Beginn der Französischen Revolution

1904 Tod Paulus »Ohm« Krügers, der die Buren in Südafrika in die Unabhängigkeit führte.

1933 Die nationalsozialistische Regierung verbietet alle politischen Parteien außer der NSDAP.

15. Juli

1869 Patentvergabe für die Margarine – Der Franzose Mège-Mouriés hat die »Arme-Leute-Butter« erfunden.

1933 Unterzeichnung des Viererpakts zwischen Deutschland, Italien, Großbritannien und Frankreich

1953 Der Spielfilm »Blondinen bevorzugt« wird in den USA uraufgeführt.

16. Juli

1212	Entscheidender Sieg der Spanier über die Mauren, der zu deren Vertreibung von der Iberischen Halbinsel führt.
1661	In Schweden werden die ersten Geldscheine Europas ausgegeben.
1945	In New Mexico, USA, findet der erste Atombombentest statt.
1990	Die Sowjetunion gewährt Deutschland volle Souveränität – entscheidender Schritt zur Vereinigung von BRD und DDR.

17. Juli

1927	Erstaufführung des Stückes »Mahagonny« von Bert Brecht und Kurt Weill in Baden-Baden
1932	Blutige Zusammenstöße zwischen der NSDAP und der KPD in Hamburg-Altona
1945	Truman, Stalin und Churchill tagen in Potsdam.
1969	Kinostart des Kultfilms »Easy Rider«

18. Juli

64	Brand in Rom, der große Teile der Stadt zerstört.
1872	Einführung des geheimen Wahlrechts in Großbritannien
1936	General Franco löst mit einem Militärputsch den Spanischen Bürgerkrieg aus.
1955	Eröffnung des ersten Disneyland-Parks in Los Angeles

19. Juli

1695	In einer englischen Zeitschrift erscheint die erste Heiratsannonce der Welt.
1900	Einweihung der ersten Untergrundfahrt der Metro in Paris.
1937	Die Ausstellung »Entartete Kunst« mit Werken von u.a. Klee, Barlach und Ernst wird von den Nazis eröffnet.

20. Juli

1235 In Köln geben sich Kaiser Friedrich II. und Isabella von England das Ja-Wort.

1397 Die dänische Königin Margarete I. vereint in der Kalmarer Union Dänemark, Schweden und Norwegen.

1940 Die Olympischen Spiele, die heute in Finnland eröffnet werden sollten, fallen auf Grund des Zweiten Weltkriegs aus.

1944 Bei einem Bombenattentat auf Hitler kommen vier Menschen um, Hitler wird nur leicht verletzt.

1954 Kambodscha und Laos werden unabhängig.

21. Juli

1542 Papst Paul III. errichtet das oberste Gericht der Kirche, die Heilige Inquisition, die zahlreiche Opfer unter Andersdenkenden fordern wird.

1936 Luis Trenker spielt die Titelrolle in dem heute uraufgeführten Film »Der Kaiser von Kalifornien«.

1954 Frankreich und die Demokratische Republik Vietnam unterzeichnen ein Waffenstillstandsabkommen – Vietnam wird geteilt.

1969 Der US-amerikanische Astronaut Neil Armstrong betritt als erster Mensch den Mond, live mitverfolgt von über 500 Millionen Fernsehzuschauern.

22. Juli

1942 Die Nationalsozialisten deportieren 5000 Menschen aus dem Warschauer Getto in das Konzentrationslager Treblinka.

1946 Die ersten deutschen Soldaten kehren aus russischer Kriegsgefangenschaft zurück.

1950 Der belgische König Leopold III. kehrt aus dem Exil zurück.

1968 Großbritannien ist der letzte europäische Staat, der am 22. Juli 1968 die Prügelstrafe abschafft.